*f*éeriepéties

# André Truand

*Demandez nos*

# *f*éeriepéties

*Préface de*
## *Félix Leclerc*

**Stanké**

Données de catalogage avant publication (Canada)

Truand, André, 1964-
    Féeripéties
    Poèmes

    ISBN 2-7604-0762-4

    I. Titre.
PS8589.R699F43 2000          C841'.54          C00-940836-3
PS9589.R699F43 2000
PQ3919.2.T78F43 2000

ISBN 2-7604-0762-4

LE CONSEIL DES ARTS | THE CANADA COUNCIL:
DU CANADA | FOR THE ARTS
DEPUIS 1957 | SINCE 1957

*Les Éditions internationales Alain
Stanké remercient le Conseil des Arts
du Canada et la Société de développement des entreprises culturelles
(SODEC) de l'aide apportée à leur
programme de publication.*
*Nous reconnaissons l'aide financière du gouvernement du Canada
par l'entremise du Programme d'aide au développement de
l'industrie de l'édition (PADIÉ) pour nos activités d'édition.*

Les Éditions internationales Alain Stanké
615, boul. René-Lévesque Ouest, bureau 1100
Montréal (Québec) H3B 1P5
Téléphone : (514) 396-5151
Télécopieur : (514) 396-0440
edition@stanke.com
www.stanke.com

Stanké International
12, rue Duguay-Trouin
75006, Paris
Téléphone: 45.44.38.73
Télécopieur: 45.44.38.73

IMPRIMÉ AU QUÉBEC (Canada)

# *Programme*

## Entrefilets  229

*Île d'Orléans, 28 août 1985*

*À André Truand*

*Excellent !*
*Excellente bonne fournée de mots*
*bon gros sac de mots*
*bons mots clefs*
*mots dits*
*bien dits*
*bien amenés, bien poivrés*
*ou cuits ou posés*
*Bon ! bon ! Surtout les larmes cachées !*
*Je vous félicite.*
*Y a vous d'abord, en gros plan, personnel*
*personnage avec une parenté très lointaine*
*(ce qui n'est pas pour vous déplaire)*
*avec Ubu-Jarry, Mauffette (oiseau de nuit)*
*Prévert, Devos, Ducharme, Sol, Trenet.*
*Subtil, drôle, libre, frais,*
*comme un éventail qui chasse gros*
*problèmes*
*Grosses dettes, gros projets,*
*grosses solennités*
*Encore bravo !*

*Félix Leclerc*

## Préface

Île d'Orléans 28 août 85

A André Truaux,

Excellent!
Excellente bonne fournée de mots
Bon gros sac de mots
Bons mots chefs
mots dits
bien dits
bien aimés, bien poimés
ou cuits ou poêlés
Bon! Bon! Surtout les larmes cachées!
Je vous félicite.
Il y a vous d'abord, en gros plan, personnel
personnage avec une jeunesse très lointaine
(ce qui ne l'est pas pour vous déplaire)
avec Ubu-Jarry-Duas ffette (oiseau de nuit)
Prévert, Dévos, Ducharme, Sol, Trenet,
Subtil, drôle, libre, frais, comme un
éventail qui chasse gros problèmes.

Grosse dettes, gros projets, Grosses solennités.
Encore Bravo!

Félix Leclerc.

## Postface à la préface

Ces quelques mots d'introduction de M. Félix Leclerc en laisseront plus d'un songeur. Ce recueil paraissant aujourd'hui en 2000, M. Leclerc étant décédé en 1988, que devons-nous en déduire ? Que l'éditeur, dénué de tout scrupule, a profané la tombe du poète et troublé son dernier repos en quête d'une dédicace ? Ou qu'il a, plus modestement, par l'entremise d'un médium patenté, invoqué l'esprit du chansonnier afin de lui extorquer ces quelques louanges ?

Sinon, comment expliquer que André Truand, nanti de l'absolution d'un tel parrain, ait attendu quinze ans pour oser soumettre à un éditeur ses *Féeriepéties* ? Manque d'opportunisme ? Fainéantise aiguë ? Timidité chronique ? Et si nous posions la question à l'intéressé lui-même ?

— Heu... Hmm... J'avais... comment dire ? La tête ailleurs.

— La *tête ailleurs* ? Mais où, grands dieux ?

— Oh, bof... Ailleurs, quoi ! « Les merveilleux nuages », ce genre de choses...

— Bien sûr, bien sûr...

Révisons nos jugements hâtifs et plaidons plutôt l'inconscience intégrale. Doit-on supposer que cette même inconscience poussa, un jour d'août 1985, le tout jeune Truand à cogner à la porte de Félix Leclerc ? N'est-ce pas, Monsieur Truand ? MONSIEUR TRUAND !

— Pardon ! Oui, tout à fait ! J'avais contracté à son égard une dette *hénaurme*. Son œuvre, écrite et/ou chantée, son intégrité, tout me ravissait chez cet homme. Et j'avais eu l'idée, histoire de m'acquitter un tant soit peu de ma dette, de lui offrir une anthologie de mes moins pires textes : poèmes, chansons, contes, saynètes...

— Quel souvenir vous a-t-il laissé ?

— Euh... Aucun.

— Comment ça, *aucun* ?

— C'est-à-dire que je ne l'ai pas rencontré. Ni ce jour-là, ni plus tard. Il venait de quitter pour la journée, parti retrouver son ami Devos à Québec.

— Alors ?

— Alors rien. J'ai laissé mon cadeau à sa voisine. Une dame chargée, entre autres tâches, de filtrer les importuns.

— Les jeunes apprentis poètes de vingt ans ?

— Précisément. Et je suis reparti comme j'étais venu. À pied.

— Mais l'autobus ?

— Pas d'autobus sur l'Île d'Orléans (soupir).

— Et le pouce ?

— Pas osé. Manque d'opportunisme, timidité chronique (soupir).

— Fascinant. Puis ?

— Puis quoi ?

— La lettre, Monsieur Truand ! Elle ne vous est tout de même pas tombée des nues, cette lettre ?

— Oh, la lettre ! Évidemment, non !

— Mais racontez, bon sang ! On perd du temps, là !

— Oui, oui ! Trois jours après ma visite, donc, un brave postillon au service de sa Majesté me remettait mon manuscrit. Monsieur Leclerc avait tout lu, aimé beaucoup et parfois même raturé, annoté, suggéré d'autres tournures. À croire que ce vieux jeune homme de 70 ans n'avait pas mieux à faire que de s'intéresser aux doux délires d'un écrivassier de 20 ans...

— Cette phrase aux entournures de prophétie, « Grosses dettes, gros projets, grosses solennités », comment l'interprétez-vous aujourd'hui ?

— Pas la moindre idée. J'en suis encore aux dettes...

— Toujours le même créancier ?

— Eh oui !

— Alors que diriez-vous de lui dédier ce recueil ?

— Tiens, tiens ! Pas bête, ça ! Pas bête pantoute !

— Sincèrement, vous n'y aviez pas pensé ?

— Euh... Mais oui, bien sûr !

Étourderie congénitale, distraction cyclique, insouciance cosmique : la coupe est pleine ! Laissons Monsieur Truand câliner ses multiples affections et portons plutôt notre attention sur le meilleur de lui-même : ces poèmes, contes, chansons, saynètes qui séduisirent naguère le patriarche de l'Île d'Orléans...

*Têtes d'affiche*

# Le garçon

Aujourd'hui
le garçon de café
ce garçon soumis
d'ordinaire si poli
si racé si posé
a enlevé son tablier
une heure avant l'heure
et s'est mis à chanter
chanter son amour de la vie
chanter son dégoût du café
chanter le bol luisant de rouge à lèvre
chanter le mégot noyé dans le café crème
chanter les tasses toutes sales qu'entassent
les gens sur les terrasses
chanter les soucoupes pleines de traces de
doigts d'un pouce d'épais de crasse
chanter la mince satisfaction du travail bien
fait lorsque fait à contrecœur
chanter l'arrière-mauvais-goût qu'a le pain
quotidien lorsque beurré de sueur
Puis le garçon
toujours chantant
s'en est allé
faisant tourner
dans les cafés
le lait versé
par les bonnes gens tout indignés.

\* \*
\*

# Ma manière

Ma manière de vivre ne vous regarde pas
ma manière de vivre ne regarde que moi
ma manière de ne pas vous regarder quand
vous posez devant les beaux yeux de
l'éternité sous vos airs les plus
avantageux
ma manière de ne pas vous entendre quand
vous beau-parlez de votre tellement
vaste expérience de vie que c'est à croire
que vous avez tellement tout lu tout vu
tout su tout cru que c'est à jurer qu'il n'y
a que votre vie qui vaille la peine d'être
vécue
ma manière de n'absolument pas me
pencher au-dessus de la margelle du
puits du savoir de votre sagesse
ma manière de préférer mon unicervicalité à
votre universalité
ma manière de suivre le bout de mon nez
plutôt que la pointe de l'iceberg de vos
idées
ma manière de suivre mon petit bonhomme
de chemin ni très droit ni de croix
ma manière de faire les choses à ma manière
qui n'est pas la meilleure parce que pas
la vôtre mais ma préférée parce que la
mienne
ma manière de faire la planche le mort le

beau le con la fête vraiment de n'en
faire qu'à ma tête et grasse matinée le
dimanche

ma manière de faire le pitre et ma manière
de faire l'amour et de faire le pitre en
faisant l'amour et d'en être champion en
titre

ma manière de laisser la vaisselle d'aujourd'hui
se faire laver demain par le chien

ma manière de laisser le chien se laver sous
la pluie

ma manière de ne pas emporter de parapluie
par jour de soleil parce qu'on ne sait
jamais

ma manière de ne pas emporter ma maison
sur mon dos quand je pars en voyage et
ma manière de partir en voyage en allant
simplement chercher le courrier

ma manière de toujours partir sans rien
emporter sans prévenir et de m'emporter
sans rien dire quand je vois des choses
qui me font plaisir

ma manière de toujours sortir comme d'une
boîte à surprise coucou c'est moi salut
marquise pas la peine de vous évanouir

ma manière de repeindre un mur rien qu'en
l'imaginant d'une autre couleur

ma manière de résoudre les problèmes en
les laissant se démerder tout seuls

ma manière de lire le journal à l'envers
en ayant l'air et en trouvant ça très
intéressant

ma manière de me tenir en ayant l'air de
dormir debout

ma manière de ne pas en avoir l'air

ma manière de ne rien retenir pour n'avoir
rien à oublier

ma manière de ne pas me formaliser ni de
    l'aîné ni du cadet de mes soucis
ma manière d'aller me cuire un œuf
ma manière de vous le signifier
ma manière de tendre les bras rien que pour
    prendre l'air
ma manière de dire les choses
ma manière d'aimer les choses la vie les
    choses de la vie et la vie des choses et
    d'en parler dans ma prose
ma manière de vivre
qui ne regarde que moi
et les gens qui ne la regardent pas
les gens que j'aime
sans manière.

* *
*

# L'Américain

La pluie se met à tomber
l'Américain, lui, à chanter
Il est comme ça l'Américain
Il a envie de chanter et il chante
envie de danser et il danse
envie d'être en vie et il vit
Et comme le penseur qui pense qu'il pense
l'écrivain qui écrit qu'il écrit
le rêveur qui rêve qu'il rêve
l'Américain, lui, chante qu'il chante sous
    la pluie
et qu'il en est ravi
et que c'est le plus beau mauvais jour de
    sa vie
et que la pluie des uns fait son beau temps
    à lui
et que c'est tout de même pas sa faute à lui
si son bonheur à lui fait le malheur des
    autres
La pluie cesse de tomber
mais pas l'Américain de chanter
Et les gens qui sortent de sous leurs abris
en le voyant danser et en l'entendant
    chanter
le prennent pour une sorte d'Indien un peu
    sorcier
exécutant la traditionnelle danse de la pluie
et retournent épouvantés se réfugier à l'abri

Tous sauf un gros bonshomme
rond comme une affaire rondement menée
qui, lui, trouve l'Américain si drôle
qu'il lui met aussi sec la main sur l'épaule

— Hello !
Time is money
Show is business
and business is my business
Follow me à Hollywood
Je t'y ferai de la pluie dans mes studios
tu y feras de l'argent comme de l'eau
Tu seras riche famousse et reconnu
et matière première à scandales
Les filles fantasmagoriseront sur toi
Les hommes se gargariseront de ton amitié
T'auras ton nom partout en majuscules
Tu t'achèteras une jolie particule
Tu raconteras ton cas vécu
dans les journaux et les talquechauds
Tu boiras le champagne dans de longues
     flûtes
Tu mangeras le caviar à la petite cuillère
Tu auras un palais grand comme le désert
avec des oasis pour te rafraîchir
des oisifs pour te divertir
et un dromocar pour te balader
Tous tes mirages seront réalités
Ton désir sera un ordre
Ton silence un discours
Ta voix un aphrodisiaque puissant
Tu auras un catalogue en papier glacé
des Most Beautiful Girls in zi World
Tu l'ouvriras au hasard
tu poseras ton doigt quelque part
et tu diras :
« Celle-là ! »

ou « Celle-ci ! »
et elle rappliquera aussitôt dans ton lit
et te fera l'amour sans rien te demander
et tu en redemanderas encore
et tu effeuilleras le catalogue
sans parvenir à te faire une idée
alors tu diras excédé
« Toutes ! »
et toutes rappliqueront
te faire l'amour à la fille indienne
et sans jamais rien te demander
(puisque tu recevras le compte à la fin du
    mois)
Où que tu ailles où que tu sois
tu auras toujours un toit sur la tête
Si tu sors tu emporteras un chapeau en
    alpaga
s'il pleut une ombrelle de fine soie
s'il fait beau un parasol en taffetas
si tu dors un plafond
si tu pries une auréole
si tu vieillis une moumoute
et comme tu seras resté malgré tout un
    homme simple
tu conduiras une auto de course
avec un toit qui se décapote
pour chanter sous la flotte
Follow me ! Follow me à Hollywood !

À tête réveillée
l'Américain pense
D'abord ça ne lui plaît pas beaucoup cette idée
et
à bien y penser
ça ne lui plaît pas du tout cette célébrité
et tout bien pensé tout bien pesé
il s'en balance

et il le dit comme il le pense :
Mais je m'en fous de ton fric
je chante quand ça me tente
et ça me tente quand ça me chante
Je suis pas une poupée mécanique
avec une clé des chants dans le dos
Quand j'ai besoin d'argent
j'en vole à des gens dans ton genre
ou bien j'attends qu'ils le jettent par les
    fenêtres
ou bien encore je vais à la messe le
    dimanche
je passe le petit panier à l'heure de la dîme
et je me sauve en empochant la prime
comme un petit voleur de grand chemin
    de croix
Ou bien encore je fais la manche
dans les quartiers de noblesse
en faisant de la musique avec mon ventre
Quand il fait froid je me fous à poil
et je claque des dents pour m'accompagner
Ça fait des musiques folles
jamais entendues nulle part
et des gens venus d'ailleurs
des gens des bas quartiers
de ceux que t'appelles des roturiers
des gens avec des pas de quartier du tout
ces gens-là s'assoient tout autour de moi
et on fait de la musique avec nos estomacs
et si l'on n'est pas très beaux à voir
on est encore moins jolis à entendre
les ventres affamés n'ont pas l'oreille musicale
Mais les ventres comme les tiens
les toujours-pleins-comme-des-boudins
les nés-pour-les-mets-fins
les nés-pour-les-grands-vins
ne tarissent pas d'éloges pour notre

musique de ventre
et nous prennent pour un groupe d'avant-
    garde
Les Grands-de-ce-Monde deviennent nos
    groupies
Il en vient de partout pour nous entendre
dans la digne et méditative posture
des Bourgeois Penseurs de Rodin
Alors — quand on est sûrs qu'ils sont bien
    mûrs —
on pousse le cri qui paralyse :
« Passez la monnaie !!! »
Et on leur saute dessus
Après on se partage le butin
et chacun repart d'où il était venu
son Grand-de-ce-Monde sous le bras
pour le dépouiller comme un sapin
dans le confort de son non-abri
Tu vois bien que c'est pas la peine de
    m'offrir la lune
puisque je suis déjà aux anges
Ma vie je la gagne très grassement
mon temps je le perds très agréablement
et ton fric je m'en branle très éperdument
Tu vois je n'ai pas besoin de toi dans la vie
puisque j'ai déjà la vie dedans moi
Et puis
pour ton éducation personnelle
non-je-ne-chante-pas-sous-la-pluie !!!
Je chante *pour* la pluie
nuance
Pour lui dire salut de la part des malappris
    qui partent quand elle arrive
pour lui dire merci de la part de la terre des
    fleurs et des canards
pour lui demander sans vouloir la vexer à
    quand le retour du beau temps

pour lui demander à quand la semaine des
    sept congés payés
et quand la pluie repart
je chante pour le soleil
et quand le soleil repart
je chante pour autre chose
C'est pas ça qui manque les choses
c'est chose courante les choses
choses courantes choses vivantes choses
    marrantes
Chanter les choses c'est chanter pour la
    bonne cause
et bonne ou mauvaise qu'est-ce que ça peut
    bien foutre
ce qui est mauvais pour les uns est toujours
    bien assez bon pour d'autres
Exemple : l'herbe
mauvaise pour l'homme succulente pour la
    bête
Autre exemple : l'exemple
parfois mauvais à donner parce que pas
    exemplaire
parfois si bon à suivre parce que mauvais
Tu vois je n'ai pas besoin de chanter pour
    vivre
puisque je vis déjà pour chanter
Bon assez rigolé allez barre-toi mon gros
ou plutôt non tiens pars pas tout de suite j'ai
    pas fini

— Wonderful ! Wonderful !
s'extasie le businessman béat
Follow me ! Follow me vite !

— Mais tu m'as l'air bouché des deux bords !
Je te dis que j'ai pas besoin de toi pour me
    faire mon cinéma

Pas besoin et pas envie que tu me super-
produises me dialogues m'obscénarises
me garde-robes me poudre-aux-zyeutes
me sous-vêtements et que tu viennes
me dire les mots à dire les pas à faire
l'être à être et ne pas être la marche à
suivre le dé à jouer la mer à boire et
que par-dessus le marché tu viennes
me dire à quelle fille aller dire Chérie je
t'aime deviens ma femme soyons
heureux et ayons beaucoup d'ennuis
J'aime pas ta réalité revue et corrigée et
aseptisée et passée à tabac
l'image qui revient de la salle de montage
plus sage qu'une image pieuse
et puis toutes tes saloperies de trucages tes
bidonvilles bidons tes ruines toutes
fraîchement édifiées tes taudis en stuc
ton mobilier en balsa tes baies vitrées
en sucre tes barbes de trois jours
postiches tes vieillards de vingt
printemps et tes pattes d'oie trompe-
l'œil ta misère plus vraie que nature ta
nature plus morte que vive tes tempêtes
dans des verres d'eau tes soleils
électrogènes tes pluies artificielles et
tes simili-haillons confectionnés avec le
plus grand souci de sordicité par les
plus grandes folles du monde du chiffon
J'aime mieux la vraie vie
la mienne en tout cas
Et ça ne m'empêche pas d'aller au cinéma et
d'aimer le cinéma autant que la vraie vie
mais je préfère être dans la salle en trois
dimensions plutôt qu'en une seule
dans l'écran
histoire d'aller et venir à ma guise

de partir si je m'emmerde
et de rester si ça me plaît
tandis que dans l'écran... je sais tout ce qui va arriver puisque c'est déjà écrit dans le ciel... je suis pas libre... je suis toujours dans la peau d'un autre et quelquefois même d'un salaud qui me suit jusque sur la rue et me fait dire des choses que je ne veux pas dire et dont je ne pense pas un traître mot... ou bien on me met dans la peau d'un héros très beau très brave très con genre jeune premier devant lequel se pâme la commune des mortelles... et voilà qu'une balle perdue sur le front me la troue, ma peau de héros... histoire de porter l'émotion à son point d'ébullition, on me fait mourir à petit feu doux... alors la critique me fait un arc de triomphe... on retourne me voir mourir une fois puis deux puis trois... vous, vous vous mettez à réfléchir... les producteurs à calculer... les scénaristes à jubiler... on ne me propose plus que des rôles de gueule cassée... grand amputé... mutilé ténébreux... ex-perchiste unijambiste... désossé poignant... immolé politique... condamné à mort... je joue le jeu... je fais le mort.... on m'aime mieux mort que vif... mes petits malheurs m'en valent d'autres... j'impose un style... une manière de mourir... je lance l'art nécro... je crève l'écran... je mène la vie de tombeau... j'annonce des bières à la télévision... « Tiens, c'est MacChabée, quelle allure sportive ! »... je vieillis, je me dégarnis, je me décrépis... sur le

plateau on m'appelle désormais le Père Lachaise... les gens sur la rue me regardent d'un drôle d'air en reniflant d'étrange manière... ça finit par me causer du tort... on crie à l'imposteur... je ne serais qu'un mort-vivant... mon intégrité est mise en doute... je finis par me suicider pour démentir les rumeurs... et puis ça continue comme avant... à la morgue... sur les champs de bataille... les scènes d'hécatombe se suivent et se ressemblent... les rôles de décomposition se suivent et je me ressemble de moins en moins... du grand putréfié de *La momie s'amuse* au joyeux squelette de *L'Île au Trésor* en passant par le soldat inconnu de *La tranchée s'éclate* je suis partout le crâne d'affiche... à mon corps défendant... ma mort privée devient parfaitement invivable... on m'exhume à tout bout de champ... les paparazzi me traquent jusqu'au fond des fosses où je recherche la quiétude de l'anonymat... on me croque sur le vif en compagnie de dépouilles illustres... je me brûle... la gloire ne fait pas vieux os aux étoiles gisantes... et je termine enfin ma carrière dans le rôle de la poussière sous la paupière de Starlette O'Lala dans *Autant en emporte le diable*... et bien sûr je rafle l'oscar à titre posthume...

Ah non merci ! très peu pour moi !
Je préfère la vie
et la vie me préfère comme je suis
Elle ne m'intéresse pas votre vie de château
    d'Espagne en Californie avec sans cesse

des évités qu'on a pas invités
qui viennent chez moi faire comme chez eux
et m'apprennent en outre et en primeur et
dans le menu du détail ce dont maints
témoins dignes de foi les ont de source
sûre investis sur le compte de ma propre
vie que je croyais jusque-là relativement
et très naïvement privée
Je m'imaginais bien portant ?
Hélas ! je suis terriblement souffrant !
Je croyais me la couler douce dans le confort
de mon foyer ?
Hélas ! je suis sur la table d'opération d'une
clinique privée !
Je me supposais célibataire ?
J'ai douze liaisons !
Je me pensais malin ?
Je ne suis qu'un crétin !
Ah non merci !
Je préfère le catimini maximal sur mon
illustrissime incognito !

— But the show...
balbutie le businessman en bon businessman
The show must go on !

— Ça mon gros
c'est ton rayon
c'est ton pognon
c'est tes oignons
remballe-les donc
tu finiras par me faire chialer sur ton sort

— Follow me ! Follow me, please !

— Dé-bar-ras-seu !
Va brasser la merde ailleurs !

ici tu bloques l'égout
Va péter dans les fleurs
comme on dit par chez nous
Ici tu fais des ronds dans l'eau
et tu salis l'eau de pluie
tu salis la rue
tu salis la vue
et tu me salis l'épaule
avec ton bras trop long
avec ta main trop pleine
de doigts trop pleins de bagues
D'ailleurs
regarde si t'as des yeux pour voir
regarde
Elle se remet à pleuvoir
Va vite te remettre à l'abri
retourne à ta place
ta place au soleil de Californie
Allez, cède la place à la pluie ! débarrasse !
T'es une si grosse sommité dans la matière
que t'empêches la pluie de tomber par terre !
Good bye, sir !
So long, sir !
Welcome, rain !
Sweet little rain...
Sweet pretty little rain of my heart...

Et l'Américain la chante
comme il le pense.

*  *
*

## Le pompiste

Il a la Légion d'horreur
sur sa région d'honneur
Il a dans son bec
un cigare infecte
C'est un monsieur très digne
dans sa petite auto
qui glisse sur le fil
de la station-service
et gare contre l'îlot
de la pompe à essence
Le fil tire la cloche
la cloche sonne
sonne mais sonne en vain
car personne ne vient
C'est bien une cloche qui sonne
mais qui ne sonne personne
qui ne sonne pour personne
pas même un pompiste
Dans sa petite auto
le monsieur très digne (dong)
très dignement s'indigne (dong)
C'est du propre
le pompiste
où est le pompiste
y a-t-il un pompiste dans la salle
Pompiste où que tu sois
cesse de faire le pompitre
pompiste où que tu sois

je te sonne de faire le plein
et pas une goutte par terre hein
sinon je te traînerai
devant les tribunaux
les tribunaux les échafauds
À quelques pieds
de nez de là
sur sa chaise
le pompiste
fait le vide
Il s'est endormi
sur sa chaise
et il rêve
rêve qu'un monsieur très digne
très digne dans sa petite auto
se gare devant les tribunaux
et que dans sa petite auto
ce monsieur très digne
très dignement s'indigne
C'est du joli
le juge
où est le juge
y a-t-il un juge dans la salle
Le monsieur très digne
se trouvant subitement à voir
dans le rétro sa digne poire
se dit qu'avec pareille poire
on ne peut qu'être juge
Alors il juge le pompiste
Je
s'excuse l'accusé
Silence
je prononce la sentence
Mais je
abuse l'abusé
Silence
ou je nous évacue

Pompiste
vous serez pendu
pendu sur-le-champ
sur-le-champ enfoui
enfoui sous le champ
Exécution
j'ai dit
exécution
Le bourreau
où est le bourreau
Le fossoyeur
où est le fossoyeur
Et le juge presse sur son klaxon
le klaxon xonne
xonne mais xonne en vain
car personne ne vient
C'est bien un klaxon qui xonne
mais qui ne xonne personne
qui ne xonne pour personne
pas même les bourreaux
pas même les fossoyeurs
pas même l'écho
l'écho
l'écho
ah si l'écho est là héla héla
mais il est sourd quand ça lui plaît
et muet comme ça lui chante
et libre et même tout à fait libre
de ne pas écouter l'avis des juges
de ne pas écourter la vie des jugés
Alors l'écho se tait
et le juge se retrouve seul
seul avec sa jugeote de juge
Le monde
où est passé tout le monde
qui c'est qui va me l'exécuter
mon condamné

qui c'est qui va me l'enterrer
mon macchabée
C'est encore bibi
Ah quel monde immonde
que d'humains inhumains
et le juge se retrousse les manches
pour exécuter la sentence
et par conséquent le pompiste
quand soudain
le pompiste
sur sa chaise
relève la tête
Merde
qu'il dit
merde un client
un client à la pompe
et moi qui ne pense qu'à rêver
Le pompiste laisse donc son rêve
sur sa chaise
et court aux devants de ce client
qui très dignement
a épinglé à son klaxon
une Légion d'horreur
et qui s'indigne
d'un service si lent
C'est du joli
le service
où est le service
Mille excuses monsieur
dit le pompiste
Je rêvais
Ah tu rêvais
prends garde pompiste
prends garde qu'un beau jour
tu ne t'éveilles devant les tribunaux
les tribunaux les échafauds
Mais le pompiste ne l'entend pas

il a un passage à vide en plein plein
et s'est déjà rendormi debout
le pistolet à essence à la main
et il rêve
rêve qu'un monsieur très digne
ayant dans son bec
un cigare infecte
reçoit en pleine figure
un jet d'essence très pure
qui le grille aussi sec
et sa petite auto de merde avec.

*   *
*

## Les mémoires de l'Enfant Do

Pa, Ma et moi nous aimions
Pa, Ma et moi vivions et couchions à la belle
    étoile
comme disent les gens qui dorment sous des
    plafonds
Pa, Ma et moi mangions de l'homme
sans faire de mal à personne
Puis d'autres hommes sont venus
des hommes qui n'entendaient pas à frire
et qui nous ont séparés
Ils ont mis Pa chez d'autres Pa
Ma chez d'autres Ma
et moi chez des fous
Une vie d'enfer où la pelouse l'eau de pluie
    l'arbre à fruits et le chat domestique me
    furent à jamais interdits

Pa... Ma... Do...

Ces fous vivaient comme vivent les morts
sous un couvercle entre quatre planches
avec le nom de la famille et son âge
gravés au seuil de leur caveau
Ils mangeaient à cheval sur leur plus noble
    invention
une espèce de selle à quatre pattes qui leur
    assurait une parfaite stabilité
et quand venait l'heure de manger

ils appelaient ça se mettre à table
comme des criminels
avec un foulard autour du cou et une arme
dans chaque main
charcutant méthodiquement tout ce qui leur
passait sous le nez
Quartier civet filet hachis ragoût potage
purée bouillon charpie
rien n'était jamais assez mutilé à leur goût
Raffinement d'un consommé sadisme ils
gardaient leurs vaches dans des
bouteilles et ces bouteilles dans un enclos
lui-même gardé à une température de
froid de canard
Et quand finalement ils venaient à porter à
leurs lèvres une bouchée de bœuf ils la
dévisageaient d'un air tellement
follement suspect que c'est à croire que
la pauvre bête aurait encore pu charger
ou émettre un maigre beuglement
Mais à table ça ne beuglait guère
Pour tout dire les fous ne disaient pas
grand-chose à table
et s'ils parlaient c'était alors la Bouche-
Pleine
un très ancestral dialecte désormais jugé
tabou qu'ils n'utilisaient qu'avec une
précautionneuse parcimonie car réputée
sale parce que pleine de petits
filaments entre les dents (dialecte que
pourtant j'appris et maîtrisai sans la
moindre pratique)
C'étaient les dîners qui étaient les plus longs
et les plus pénibles
Ça commençait toujours par une entrée et
ça n'en finissait généralement jamais
quoique exceptionnellement par un

dessert auquel j'avais droit si je m'étais
bien retenu à table
Surtout
ne pas mettre les pieds dans le plat de
résistance
Ça les mettait dans tous leurs états
Ils en faisaient un autre plat à base
d'écume blanche et de sueurs froides
ressemblant à s'y méprendre à de la
rage et qu'ils m'envoyaient manger
seul dans un coin en pénitencier

Pa... Ma.... Do...

Le reste du temps
le reste du temps qu'ils ne passaient pas à
table
les fous le passaient à laver
Alors tout le monde en machine
direction lavage arrêt-buffet rinçage
terminus séchage
Mots d'ordre : vaporisation ! pulvérisation !
extermination !
Devise : la poussière mord la poussière !
La vaisselle à la machine à laver la vaisselle !
le linge sale à la machine à laver le linge
sale !
les humains à la machine à laver les
humains !
Puis on sautait en voiture et on menait
la voiture à la machine à laver les voitures
De quoi finir par laver n'importe quel
cerveau
de quoi faire des bulles en parlant
Des fous
des fous me tue-je à vous dire
des fous propres et furieux

Pa... Ma... Do...

Le reste du temps
le reste du temps qu'ils ne passaient ni à
    manger ni à laver
les fous regardaient par la fenêtre
histoire de se changer les idées
Par la fenêtre ils pouvaient voir le monde
    entier
et de le voir leur ôtait l'idée d'en faire le
    tour
À en croire la fenêtre
partout ailleurs que chez mes fous
les gens étaient aussi fous
les gens ne s'aimaient pas
Pis encore : ils se *détestaient*
Mieux : ils se le montraient
Étrangement mes fous ne détestaient pas
    regarder les autres fous se détester
Bien sûr ces fous-là ne se détestaient pas
    pour le plaisir
Il y avait toujours une raison
pas toujours très bonne ni très raisonnable
mais toujours une raison
S'ils n'en avaient pas de neuve
eh bien ils en trouvaient une vieille
Dès que les deux clans de fous s'étaient mis
    d'accord sur la raison
les bons détesteurs
(ceux qui avaient raison)
et les méchants détesteurs
(ceux qui avaient aussi raison)
pouvaient aussitôt se mettre à se détester
    tout leur soûl
Et si les meilleurs finissaient toujours par
    gagner
la raison elle y perdait à tout coup

Moi je ne comprenais pas que l'on me
   permette de regarder les gens se
   détester
d'autant moins que l'on ne me permettait
   pas de regarder les gens ne pas se
   détester
car il arrivait parfois que
dans la fenêtre
en fin de soirée
des fous
des fous un peu plus raisonnables que les
   autres
des fous se disent de la tendresse
en se témoignant des caresses
et
quelquefois même
se témoignent des caresses
sans mot dire
Alors mes fous fermaient la fenêtre
très embêtés
Ils s'étaient assez changé les idées

Pa... Ma... Do...

Le reste du temps
le reste du temps qu'il ne regardait pas par
   la fenêtre
le fou-chef-de-famille prenait la porte et
   partait travailler
pour payer la fenêtre les machines à laver,
   le caveau et le reste
Le fou dirigeait une *banque*
Il m'avait tout expliqué ça dans le détail :
Des gens venaient qui lui confiaient
   leurs sous
Mon fou les prenait et les plaçait quelque
   part à l'ombre

dans un endroit clos où ils pouvaient faire
des petits
Puis les gens du début revenaient qui les
lui redemandaient
C'était
d'une part
pour *faire travailler* les sous (jamais compris)
et
d'autre part
à cause des voleurs
car ç'aurait été bien trop compliqué pour
eux de voler les gens un par un sur la
rue alors qu'ils pouvaient aller à la
banque les voler tous en même temps
sans faire de jaloux (ça j'ai compris)


Pa... Ma... Do...


Le reste du temps
j'allais à l'école
un grand rectangle en forme d'énorme
caveau dont le principe était sensiblement
le même que celui des banques :
un maître venait qui nous confiait des
choses à apprendre
nous on les gardait le temps qu'il nous les
redemande (mais sans petits)
Là aussi il y avait des voleurs (dont je fus)
qui copiaient les devoirs des autres en
s'arrangeant pour ne pas trop se faire
prendre


Pa... Ma... Do...


Le reste du temps
le reste du temps que je n'allais plus à
l'école parce que je m'étais fait prendre

à copier le nom de mon voisin sur mon
devoir
on me priait on me disait on m'ordonnait
de jouer
Moi jouer ça m'emmerdait
Je préférais regarder par la fenêtre
l'autre fenêtre
la celle qui a toujours la même image
Avec un peu de chance et beaucoup de
patience
je voyais passer ou s'asseoir ou même
s'allonger sur l'herbe du square des gens
qui ne se détestaient manifestement pas
mais ça ne durait jamais longtemps
car il se trouvait toujours un fou
pour venir fermer la fenêtre

Pa... Ma... Do...

Le reste du temps
et le reste du temps c'était le maintenant
de chaque instant
je m'ennuyais à fendre pierre de Pa et Ma
Quand je demandais de leurs nouvelles
les fous levaient les bras au ciel
Ils me traitaient d'ingrat
et me privaient de repas
(en pensant me priver)
Des fous
des fous proprement furieux

Pa ! Ma ! Do !

Le reste du temps
le reste du temps que j'ai vécu
j'ai compris des choses
des choses sur la vie

J'ai compris que ma vie
c'était Pa et Ma et pas autre chose

Pa !!! Ma !!! Do !!!

À partir de ce jour-là
j'ai fait le mort
le mort de toutes mes forces
et le derrière de la vie
s'est mis à reculer
et le devant de la mort
à avancer
et j'ai péri
coincé
pour rejoindre enfin
Pa, Ma, mes miens
pour ne plus les quitter.

      \*   \*
       \*

## Mauvais jour, patron

Bonjour patron
ou plutôt : mauvais jour
ouais mauvais jour pour vous
J'ai l'air de « rentrer » comme on dit
pour signifier que l'employé est à son poste
mais si je rentre c'est juste pour vous dire
vos quatre mensonges et mes quatre vérités
Si je rentre c'est pour mieux ressortir
avec mon petit 4 % dans ma poche
Adieu patron
je m'en vais j'en ai marre
je m'en vêts je m' rhabille
j'en ai jusque-là
là là là : c'est un faible mot pour le dire
j'en ai jusqu'au point où même sur la pointe
    de mes pieds ma main à bout de bras
    ne suffit plus à montrer la ligne de
    flottaison de mon dégoût
J'ai fini par réfléchir
et résolu de ne plus fléchir
de ne plus m'incliner
de ne plus me plier à
de ne plus obéir
de ne plus vous convenir
Comme toutes les choses qui n'auraient
    jamais dû commencer
ça ne pouvait plus continuer
Mais on ne fait pas toujours ce qu'on veut

dans la vie
comme le disait feu mon père en me fixant
étrangement...
Ce matin je me suis dit
pour que ta vie soit bien remplie
vide-la de tout ce qui t'ennuie
l'aigrit l'affadit l'enlaidit
voilà pourquoi j'ai pensé à vous le premier
Travailler travailler travailler travailler
travailler travailler
travailler pour se vêtir se loger se chauffer
se nourrir
et se nourrir se chauffer se loger se vêtir
pour travailler
passablement vicieux comme système
n'est-ce pas ?
odieusement rond comme cercle vous
trouvez pas ?
affreusement serrée comme boucle vous
pensez pas ?
Ras le bol patron
ras le bol de votre uniforme en forme de
camisole de force
ras le bol de votre univers en forme de jeu de
société avec sa planche truquée ses
cases faussées ses questions piégées
ses dés pipés et sa monnaie de singe
ras le bol de perdre à tous les coups
ras le bol de vous voir tenir la banque
ras le bol de vous voir toujours nous tenir
par la queue comme de pauvres diables
entre l'index et le pouce de votre main
de Dieu
De quoi de quoi de quoi ?
Je suis en train de mordre la main qui m'a
nourri ?
Mais regardez-la un peu votre main

c'est pas une main c'est un poing
un poing fermé d'où tombait une miette de
    festin par-ci
une gouttelette de vin par-là
Alors comprenez que je m'esclaffe poliment
que je rigole sobrement
que je pouffe strictement
que je ricane amèrement
que je me gondole modestement
que je me désopile adverbieusement
Moi vous mordre la main !
Moi votre trois fois rien
moi votre moins que chien
moi mordre vos doigts de maître
moi qui les ai si scrupuleusement léchés
irréprochablement manucurés
religieusement gantés
régulièrement bagués
Moi vous mordre la main
moi l'un de vos innombrables bras droits
bras donneurs
Pas la peine d'appuyer sur le petit bouton
    discrètement dissimulé sous le rebord
    de votre bureau
le  petit-bouton-rouge-de-l'alarme-à-l'œil-
    au-beurre-noir-au-visage-de-la-classe-
    ouvrière
Craignez rien
je mords pas
je m'en retourne comme j'étais venu
par la petite porte de service
Je m'en retourne d'où je viens
sur le pas de ma porte
avec vue sur le seuil de ma pauvreté
Ne vous faites pas de mauvais sang pour moi
et moi je m'en ferai pas pour vous
Vous trouverez facilement à remplacer

l'employé que j'étais
et moi à remplacer le patron que vous êtes
Arriverai-je toutefois jamais à vous oublier ?
ce sera dur
vous êtes tellement... mémorable
Je vois votre portrait partout depuis si
    longtemps...
dans mon casier...
sur les murs de l'atelier...
à la surface du bouillon...
au fond de mon baril...
au bout de mon rouleau...
Vous comptiez beaucoup pour moi
vous comptiez tous les mois un certain
    nombre de billets
un certain nombre des miettes du festin
    tombées au bas de votre table
même que ça m'inquiétait
Je me disais
il va s'user les doigts le pauvre il va se
    fouler les empreintes digitales
il va finir par tant se sabler la peau du bout
    des doigts de sa main nourricière qu'il
    faudra lui prélever la peau des fesses
    pour la lui regreffer au bout des doigts
    alors il ne pourra plus s'asseoir qu'en
    équilibre sur sa raie alors il va se
    balancer d'un côté et de l'autre et s'il
    en vient à se casser la gueule qui donc
    pourra nous gueuler après comme lui
    seul sait si bien le faire alors notre
    rendement baissera et notre productivité
    chutera et notre compétitivité patatras
    et peut-être l'entreprise périclitera-
    t-elle et notre profitabilité diminuera-
    t-elle et la confiance des actionnaires
    en sera-t-elle ébranlée et les

investisseurs échaudés et des postes abolis et des hommes remerciés et puis finalement la clé sur la porte et la porte fermée et tout ça parce qu'en comptant les maudits billets de ma damnée paye chaque semaine le patron s'est à ce point usé la peau du bout des doigts qu'il a fallu lui regreffer de la peau des fesses à la place

Non patron

ne me retenez pas

ne vous donnez pas la peine de me reconduire

ne vous donnez pas même la peine de me désigner la voie à suivre

je connais le chemin

Puisque je vous dis de rester assis !

Si vous vous mettez à vous lever et vous asseoir pour saluer chacun de vos employés vous finirez par tant vous sabler la peau des fesses qu'il faudra vous prélever la peau des doigts pour vous la regreffer aux fesses

et alors qui comptera mon 4 % ?

\*  \*
\*

*Actualités buissonnières*

# Marre !!!

Monsieur le Principal
ne vous donnez pas la peine
de me faire la morale :
je m'en vais de moi-même !
J'avoue pour le carreau :
c'est moi qui l'ai cassé !
J'avoue pour les barreaux :
c'est moi qui les ai sciés !
Oui ! Je voulais m'enfuir
mais j'ai changé d'idée
maintenant c'est décidé :
je veux seulement partir !

    J'en ai marre des leçons !
    Leçon que je préfère
    c'est le son de la cloche !
    J'en ai marre des zéros !
    Les zéros que j'aime
    ce sont ceux du cinoche !

Bien sûr j'ai plein d'amies
mais j'ai tant redoublé
de fois la même année
qu'elles me vont au nombril !
Et puis y a autre chose
qui se fête et s'arrose
quelque part dans mon corps

que vous voulez pas voir !
On a plus les mêmes jeux
et saute-mouton n'est-ce pas
c'est plus tellement sérieux
moi que saute votre gars !

J'en ai ras l' bol des colles !
Les colles que je préfère
c'est l'école buissonnière !
J'en ai marre des devoirs !
Le devoir que j'aime
c'est de voir le grand air !

Monsieur le Principal
ne vous donnez pas la peine
de me faire la morale :
je m'en vais de moi-même !
J'avoue, oui, pour la pelle :
c'est moi qui l'ai volée !
J'avoue pour le tunnel :
c'est moi qui l'ai creusé !
Oui ! Je voulais m'enfuir
mais j'ai changé d'idée
maintenant c'est décidé :
je veux seulement partir !

\*   \*
\*

## Entre cancres

*La petite école d'autrefois n'est plus la petite école d'aujourd'hui. De nos jours, les écoliers-qui-ont-de-la-difficulté-à-assimiler-la-matière-au-programme, je veux parler des cancres d'autrefois, ne sont plus tenus d'aller expier leur médiocrité dans un coin de la classe, sous le traditionnel bonnet d'âne et les inévitables quolibets de leurs petits camarades.*

*Ils forment désormais un groupe bien distinct que l'on appelle allégé. Ce sont eux, les lunatiques, les Pierrots lunaires, les têtes en l'air, ceux dont les pieds ne portent pas à terre.*

*C'est somme toute normal : on les abaisse, alors ils s'élèvent...*


Le cours d'histoire était bien intéressant
il y était question de vaillants Canadiens
    errants et de farouches guerriers indiens
mais nous on n'était pas intéressés
Nous quand on veut faire la guerre on se
    ramasse toute une bande dans un
    terrain vague et on fait la guerre
et quand la guerre ne nous intéresse plus
    alors on enterre la hache et on signe la

paix sur les murs des immeubles
avec de la peinture que Robert chipe à son père
Alors comme le cours ne nous plaisait pas et
que dehors il pleuvait à dormir debout et
que de toute façon on ne pouvait pas
sortir avant l'heure
on est partis sur la lune
Dans la lune on a rencontré un homme qui
dessinait de drôles d'animaux sur le
tableau noir de l'univers
et cet homme c'était notre professeur
Quand on l'a reconnu et qu'il s'en est aperçu
il est devenu plus rouge que les plus
rouges des plus farouches guerriers
indiens
mais il ne nous a pas grondés
Il ne nous a pas cherché d'histoires et encore
moins un cours il nous a même avoué
qu'il était tout comme nous dans la lune
et voici ce qu'il nous a dit

Vous n'êtes pas sans savoir que s'il y a des
cancres chez les écoliers il y en a tout
autant chez les maîtres
et je suis mauvais maître comme vous êtes
mauvais écoliers
De mon temps les forts en thème et les
cancres partageaient la même encre
mais tandis que les autres y nageaient
avec élégance nous les cancres nous
échouions
Dans nos têtes deux et deux ne faisaient
jamais qu'un
Pour nous apprendre à compter le maître
nous retenait après la classe
mettait ses gants de fer sur ses petites pattes
de velours et nous envoyait au plancher

Là il faisait le compte en tapant sur le sol un
    deux trois jusqu'à dix
À dix il nous renvoyait faire du coin en
    grommelant : « ça vous apprendra à ne
    pas savoir compter »
Lui conservait sa ceinture dorée et nous
    notre renommée : le bonnet d'âne
Le catéchisme n'était pas plus reposant
Dans nos têtes dieu et dieu faisaient quatre
alors que vraisemblablement ils ne faisaient
    qu'un
Ça tout le monde le comprenait il n'y avait
    que nous les cancres qui n'y comprenions
    rien
Les autres écoutaient le maître le maître
    entendait les anges les anges passaient
    nous avions beau regarder nous avions
    beau écouter mais nous n'y entendions
    rien
Pour nous apprendre à compter avec le bon
    dieu le maître nous retenait après la classe
nous faisait réciter par cœur et à genoux des
    Notre Père en file indienne
Notre père n'était pas aux cieux cancres oui
    mais pas cons
On savait très bien qu'il n'avait rien à foutre
    là-haut et qu'il nous attendait à la maison
    en se faisant du mouron pour nous
Notre père n'était pas chiche pauvre oui
    mais pas chiche
On n'aurait eu qu'à lui demander un bout de
    pain pour se voir offrir la fournée en
    entier
Notre père n'était pas rancunier orgueilleux
    ça oui mais pas rancunier pour un sou
Il nous pardonnait dès la veille nos conneries
    du lendemain sinon il lui aurait fallu

l'année entière pour nous pardonner
tous nos mauvais coups d'un seul jour

Le maître rageait le maître pestait le maître
disait que nous n'avions pas le
psychique de l'emploi

Il disait que c'était de la mauvaise volonté

moi je crois que c'était plutôt de la mauvaise
foi

C'est comme pour le mystère de la
Sainte Trilogie le père le fils et le petit
chien

trois personnes en une seule qu'il nous répétait

Nous on s'imaginait une espèce de totem le
père le fils et le petit chien en équilibre
l'un par dessus l'autre

En entendant ça le maître nous a crié :
« Anathème ! Anathème ! »

et comme on ne savait pas bien à qui
d'entre nous cancres il s'adressait

à la sortie des classes ce soir-là nous avons
tous attendu Anna pour savoir lequel
d'entre nous elle aimait

Mais ça n'était pas vrai Anna nous trouvait
tous très cancres et très chouettes mais
n'aimait ni l'un ni l'autre d'entre nous

ce qui n'a fait que confirmer dans nos petites
têtes le talent du maître pour le pieu
mensonge

Le maître pestait le maître s'entêtait le
maître racontait d'authentiques on-dit
de notoriété biblique sur le compte de
Jésus le fils du charpentier

La crèche le veau la vache le bœuf la ponte
les langes les mages et l'or la myrrhe
l'encens les anges la fuite l'Égypte j'en
passe et des meilleures la bonne
nouvelle pâques fleuries Jérusalem

vendredi saint le bain de minuit les douze apôtres les treize à table mauvaises nouvelles la trahison de Judas la Carotte la dernière Cène le pain le vin la digestion les oliviers le roupillon l'arrestation l'oreille coupée l'oreille collée le reniement le chant du coq le chant du coq le chant du coq (trois fois le maître y tenait) balle de match entre Pilate et le sanhédrin esquive de Pilate smash du sanhédrin Pilate aux douches Barrabas la passion le chemin de croix les douze stations l'arrivée en gare du Golgotha la mise en croix les deux larrons guiliguili lama sabamachin la mort la lance le flanc le suaire le tombeau la pierre allez mon kiki c'est reparti la jésurection Marie-Madeleine le coup des fleurs les traces de clous les pieds les mains Thomas l'incrédule les doigts dans le nez tout y a passé

Il nous a aussi rapporté en ayant l'air de trouver ça tout naturel que Joseph (père impuissant) n'était pas le vrai père de son fils et que ce fils était le fils de l'homme (Dieu le père tout-puissant) un drôle d'oiseau sans corps et néanmoins barbu flottant partout à la fois dans l'espace et le néant depuis la nuit des temps

Il nous parlait également d'un endroit appelé l'envers où l'on expédiait les cancres de notre espèce s'ils ne promettaient pas de s'améliorer

C'était de son propre aveu une colonie de souffrance très bien tenue avec des tas d'activités et des animateurs dénommés démons de fins gourmets gastronomes avec ça toujours un plat sur le feu et d'immenses fourchettes à la main

Pour les autres les enfants sages les forts en thème et les maîtres consciencieux une deuxième colonie appelée paradis avait été aménagée sur de petits nuages d'eau bénite en suspension dans le ciel

Là-bas aussi rien n'était laissé au hasard à vrai dire des hasards il n'y en avait pas puisqu'il ne s'y passait rien

À l'entendre parler les gens heureux n'avaient pas d'autre histoire que l'histoire sainte

ce qui nous semblait à nous cancres bien peu de chose en regard des histoires d'amour

On était cancres mais pas moins amoureux et surtout à notre âge faussement appelé âge de raison alors qu'il n'en est probablement pas de moins raisonnables dans la vie

et ça nous semblait étrange que ces gens puissent être heureux sur leurs petits nuages sans être au moins amoureux

Mais là-dessus le maître était formel (comme sur tout le reste d'ailleurs) au ciel tout le monde était amoureux de tout le monde puisqu'ils s'aimaient les uns les autres

De la part d'un homme qui mettait en garde des enfants d'à peine dix ans contre la bigamie l'adultère ou encore le touche-pipi il y avait de quoi se surprendre

Quand j'ai raconté à mon père ce que le maître nous avait appris à propos du paradis il est resté surpris

mais il ne l'est pas resté longtemps il n'est

même pas resté dîner il a préféré aller
casser la gueule du maître
Quand il est rentré à la maison il n'était pas
encore tout à fait calmé
Il a dit à ma mère qu'avec les laïcs d'aujourd'hui
on n'aurait plus besoin d'athées demain
alors je lui ai demandé à quoi je servirais
dans la vie
Il est resté surpris il m'a demandé où j'avais
appris de si petits gros mots
et moi je lui ai dit la vérité
De la bouche de mon maître
Et il est reparti lui casser la gueule
sans même toucher à son dessert
et ç'a duré un petit bout de temps comme ça
Chaque fois que j'ouvrais la bouche il ouvrait
la porte et s'en allait lui casser la gueule
Puis un jour il en a eu assez il n'arrivait plus
à rien avaler et il m'a retiré de l'école
Il m'a simplement demandé si je savais
compter
Pour mon père savoir compter ça voulait dire
pouvoir se débrouiller dans la vie
Très sûr de moi je me suis envoyé dix poings
dans la figure en criant très fort un deux
trois jusqu'à dix
Ç'a été la goutte qui a fait déborder le vase
Ce vase mon père l'a vidé l'a mis sous son
bras et il est reparti chez mon maître
avec l'idée bien arrêtée de le lui casser
sur la tête
et puis chemin faisant il s'est dit qu'il y avait
eu déjà beaucoup de casse dans toute
cette histoire et il a préféré le lui enfoncer
sur la tête
De ce jour le maître n'a plus jamais embêté
personne et surtout pas un cancre

Il a pris sa retraite et il est tranquillement
      resté chez lui son vase sur la tête
De temps à autre le facteur lui apportait un
      colis
c'étaient des fleurs et elles venaient de mon
      père
Moi je suis retourné à l'école
ça ne m'a pas rendu plus intelligent
mais sûrement moins bête
tellement moins bête que beaucoup plus tard
      j'ai obtenu un certificat mais comme je
      n'étais pas assez bête pour décrocher un
      doctorat alors je me suis dirigé dans
      l'enseignement afin d'enseigner à de
      plus cancres que moi pour les rendre
      plus intelligents
mais surtout moins bêtes

Nous tous cancres mais pas bêtes
on a compris ce que voulait dire le professeur
Avec lui on est tous redescendus
sur terre pour la fin des classes
Et quand la cloche a sonné
c'est nous qui l'avons gardé en retenue.

\*   \*

\*

# Figurita

Immense musée
Étrangers visiteurs
Criant au génie
Criant à l'imposteur

Étranges titres
Étranges toiles
Que l'on peut tourner en tous sens
Sans que l'homme ne tarisse d'éloges

Immense musée
Enfant oublié
Émerveillé devant les dessins du givre
Sur les carreaux des fenêtres.

\*   \*
\*

# Graffiti

Graffiti sur les murs de Pompéi
graffiti sur les colonnes du Colisée
graffiti sur les pierres des grandes pyramides
graffiti sur les tombes du Père-Lachaise
graffiti dans les chiottes du Parlement
graffiti aussi
sur la neige fraîchement tombée d'une cour
    d'école du quartier Villeray
initiales entrelacées
cœurs enchaînés enfléchés
galants slogans et perverses devises des
    adolescents faibles en thème et
    orthographiquement dysfonctionnels
scandalisant l'Homme-à-Cheval-sur-sa-
    Langue qui
passant par là et voyant la chose et
    constatant l'étendue des dégâts et
    retournant sitôt chez lui rendre compte
    par écrit de son intense catastrophation
    à *La Presse*

*Chère* La Presse,

*un honnête citoyen prend la plume et le*
*mors aux dents afin de vous faire part très*
*courtoisement que notre belle jeunesse ne*
*sait plus écrire correctement son français et*
*que la grammaire fout l'camp Grevisse.*

*Signé : Un homme-à-Cheval-sur-sa-Langue*

Et merde et remerde et reremerde !

dit le préposé au dépouillement du courrier
de *La Presse*

pas plus tard que le lendemain à quelques
kilomètres de là

Encore une lettre de l'un de ces chevaux de
bataille des traditions

crotte de bique à la merde fouettée qu'ils me
brisent les testicules avec leurs
la-jeunesse-sait-plus-par-ci et leurs
la-jeunesse-sait-plus-par-là

Quel âge peut-il bien avoir ce fossile ?

40 ? 50 ? 60 ?

Est-ce que la jeunesse en profite pour
l'emmerder parce qu'il ne connaît rien
au rap ? au crack ? aux raves ?


Le préposé au dépouillement du courrier de
*La Presse* n'a pas tort

La jeunesse elle a autre chose à faire
figurez-vous

la jeunesse elle sèche ses cours parce que
ses cours l'ennuient

elle préfère s'ennuyer dans la cafétéria de la
polyvalente

là au moins on s'ennuie vraiment, sans être
dérangés...

On s'ennuie on s'ennuie on s'ennuie de
toutes nos forces et de toutes les façons
inimaginées à ce jour

et si ça suffit pas on en invente de nouvelles

Vous dire comme on s'ennuie y faudrait
y faudrait y faudrait

un nouveau mot tiens

mais ça nous ennuie trop pour nous intéresser

Faudrait pas croire qu'en s'ennuyant on ne fout rien

En nous ennuyant on apprend des tas de choses

À fumer par exemple

et en fumant on apprend à faire des ronds et
en faisant des ronds on apprend à jouer
aux cartes et en jouant aux cartes on
apprend à tricher

(les cartes ça va nous servir plus tard dans
notre travail parce que les pauses-café
faudra bien les meubler non ?)

et pis en trichant on apprend aussi les
choses de la vie

comment faire l'amour sans faire d'enfant

comment enfiler une capote sans mourir de
rire avant de

Oh bien sûr on ne le fait pas en pleine cafétéria
(l'amour)

et règle générale on ne le fait pas du tout
(l'amour)

ou alors avec beaucoup beaucoup de
prévenance

Comme dit le proverbe un homme averti en
a deux

Évidemment ça ne nous apprend pas le français
ou les maths ou la bio ou l'histoire et tout
le bazar

mais soit dit entre nous

est-ce qu'on a vraiment besoin de tout savoir
si tôt pour ne rien faire de sa peau
plus tard ?

Tsss tsss tsss

Non loin de là

en cette même cafétéria

à deux ou trois tables de là

rassis devant sa boîte à collation

le jeune fils de l'Homme-à-Cheval-sur-sa-
Langue

celui-là même qui plus tôt la veille encore

troublé par la sacrilège orthographe d'un graffiti

prit la plume en main et le mors aux dents et la peine d'humblement sacrifier quelques grains du sable de l'horaire très serré de sa journée afin de livrer à un grand quotidien de Montréal la tout himalayenne altitude de la quintessence de sa pensée

le jeune fils de l'Homme-à-Cheval-sur-sa-Langue donc

le jeune fils de l'Homme-à-Cheval-sur-sa-Langue bref

le jeune fils de l'Homme-à-Cheval-sur-sa-Langue fait des

tsss tsss tsss

avec le bout de sa langue de fils d'Homme-à-Cheval-sur-sa-Langue

Des tsss tsss tsss pénétrés d'une telle acuité

d'une telle sommité

d'une telle moralité

d'une telle notoriété

d'une telle contrariété

que l'on devine aisément

qu'en ce frêle adolescent

portrait-robot craché de sa vieille bourrique de paternel

se dessinent déjà la molle carrure la dent jaune et la tête dure du futur père de ses enfants

chaleureusement hautain

monastiquement joyeux

impitoyablement intelligent

parcimonieusement généreux

insoutenablement pointilleux

Mais voilà ô stupeur qu'en ouvrant sa boîte à collation

le jeune fils de l'Homme-à-Cheval-sur-sa-
Langue découvre...

une enveloppe !

Bizarre

se dit-il en déchirant l'enveloppe

moi qui gère si scrupuleusement mes effets
personnels

comment peste diable bouffre et diantre une
tierce main a-t-elle pu glisser cette
enveloppe dans le réceptacle de mon
goûter ?

L'enveloppe en question contient une
déclaration d'amour

Normal

se dit le jeune fils de l'Homme-à-Cheval-
sur-sa-Langue

je suis pas mal de ma personne et pourquoi
ne pas me l'avouer beau comme un
jeune premier et de surcroît premier de
classe


*Chair toi...*


Le jeune fils de l'Homme-à-Cheval-sur-sa-
Langue ne va pas plus loin

Il s'apprête d'ailleurs à détruire séance
tenante cet impardonnable affront à la
plus belle de toutes les langues du
monde notre langue le français mais se
ravise

Il vient d'avoir une idée une idée superbe
une idée de mauvais génie

Il va publier la lettre dans le journal étudiant
de la poly

dont il signe bien sûr la rubrique du bon parler

non pas histoire de rire

puisqu'il n'entend pas à rire

mais dans le but didactiquement avoué
 d'attirer l'attention des autorités
 pédagogiques sur la plus que piètre
 condition de l'expression écrite du
 français de ses condisciples
et il le fait comme il le pense
en pensant faire bien


Quand l'auteure du billet doux a la
 désagréable surprise de le voir reproduit
 à la une du journal étudiant
elle se met dans tous ses états
et le signifie par des tas de gros mots
Elle envoie promener son jeu de cartes aux
 quatre coins de la cafétéria
Elle pleure comme une Madeleine sous une
 fontaine dans les bras de ses amies de
 filles
Elle fait une folle d'elle à la grandeur de la
 poly
et se porte finalement à la rencontre du fils
 de l'Homme-à-Cheval-sur-sa-Langue
pour le coiffer très dignement de sa boîte à
 collation


Le fils retourne chez lui se changer
avec ses asperges gratinées sur la tête
Il a horriblement honte
il s'effondre en larmes
dans les bras de son père qui
dédaigneusement compatissant
condescendamment réconfortant
l'enlace en le tenant entre les ongles de ses
 index et de ses pouces
La jeune fille, elle, retourne chez elle furibonde
Son père l'accueille à bras ouverts en lui disant
 salut mon oiseau des îles mon nougat

ma clémentine mon cyclonambulant
lui remet très vite l'humeur au beau fixe
en lui lâchant un feu nourri d'énormités
dont seuls certains pères possèdent le secret
Pour la dérider tout à fait
il lui offre à lire la plus colossalement bête
　　　des lettres du courrier qu'il a dépouillé la
　　　veille
bête au point qu'il l'a ramenée en douce du
　　　boulot pour lui donner une pâle idée de
　　　la bêtise humaine qu'elle devra côtoyer
　　　tout au long de sa vie sur terre

*Chère* La Presse

*un honnête citoyen prend la plume en main*
*et le mors aux dents...*

Tu vois chérie
on peut écrire pour toutes sortes de raison
et même sans
On peut écrire pour toutes sortes de cause
des bonnes et des mauvaises et des pires et
　　　j'en passe
mais on ne devrait pas écrire à seule fin de
　　　faire chier les gens qui n'écrivent pas
　　　aussi bien que soi
l'argument rêvé pour les dégueuler de la
　　　langue et la leur faire prendre en grippe
　　　à tout jamais
On écrit comme on vit
en se trompant
On vit comme on écrit
en se corrigeant

Le père enflamme une allumette
et met le feu à la lettre

et tous deux regardent
émerveillés
ce bon parler se consumer dans un cendrier

Les écrits brûlent les paroles restent
et l'Homme-à-Cheval-sur-sa-Langue peste
parce que ses écrits ne paraissent
étrangement jamais dans *La Presse*

Le jour se lève et la neige tombe
et la fille du préposé au courrier exulte
en voyant son nom sous celui d'un autre
tous deux ceints d'un cœur enfléché
tracé pas plus tard que ce matin même
sur la neige fraîchement tombée
d'une cour d'école de Villeray.

*   *
*

## Jeu d'enfants

### LE MAÎTRE

Vous m'excuserez les enfants
Je dois sortir quelques instants
Soyez durant mon absence
aussi sages qu'en ma présence

*Le Maître sort.*

### LES ENFANTS
*(à tour de rôle, très civilement,
avec un débit de plus en plus rapide)*

— Allez, on se fait une petite histoire !
— Moi je fais l'histoire !
— Moi je fais la longue nuit d'hiver !
— Moi je fais la chaumière dans le bois !
— Moi je fais le lit du mort !
— Moi je fais le mort dans son lit !
— Moi la descente de lit du mort !
— Moi je fais froid !
— Moi je fais du feu !
— Moi je fais la veuve inconsolable !
— Moi je fais le vieil ami de la famille qu'a les
  yeux sur la veuve !
— Moi je fais l'enfant !
— Moi je fais le cousin germain !

— Moi je fais les larmes !
— Moi je fais semblant !
— Moi je fais dur !
— Moi je fais les dernières paroles !
— Moi je fais la messe !
— Moi le corbillard !
— Moi le paon !
— Moi la roue !
— Moi le trou !
— Moi le tas !
— Moi les planches !
— Moi la croix !
— Moi le signe !
— Moi je fais le testament !
— Moi je fais le notaire !
— Moi je fais l'héritier !
— Moi je fais la gueule !
— Moi je fais l'argent !

*Tollé général, chambard intégral.*

— C'est pas juste !
— Ouais, c'est vrai, c'est toujours toi qui fais l'argent !
— Allez tous vous faire foutre !
— Oui, moi ! Moi, je veux faire le foutre !
— Non, moi, moi !

*Le professeur revient ; il est mécontent de l'éclat des voix qui portaient jusqu'au paillasson du bureau du directeur.*

LE MAÎTRE

Enfin, les enfants ! À quoi jouez-vous ?

**LES ENFANTS**
*(avec une adorable simultanéité
qui fait instantanément tout oublier
de l'incident au cher vieil homme)*

À l'être et le néant, m'sieur !

**LE MAÎTRE**
*(pleinement rasséréné)*

C'est très bien. Dans ce cas... Reprenons
maintenant la leçon voulez-vous...

\* \*
\*

# Le ballon

Le soleil luit
le cadet joue au ballon
l'aîné
lui
au français
Le ballon pensez donc
ça n'est plus de son âge
on ne va nulle part dans la vie
et surtout pas au Panthéon
avec un ballon rond
Il ne sait pas l'aîné
ou il ne sait plus
ou il a oublié
ou il n'a jamais su
que le ballon s'apprend
que le ballon se pousse
se passe se tire se marre
Il sait seulement
qu'un ballon n'est qu'un ballon
qu'un ballon n'est qu'un joujou
et qu'un joujou n'est pas un joujou
c'est une exception
Et quand le cadet
tire sans faire exprès
son exception dans un carreau
l'aîné lui dit qu'il est un voyou
et que les voyous c'est règle courante

Le cadet joue les volages
l'aîné joue au Français
L'amour pensez donc
ça n'est déjà plus de son âge
on ne va nulle part dans la vie
même avec la grosse Amour
pas à l'Assemblée en tout cas
ni à l'Élysée
Il ne sait pas l'aîné
il ne saura jamais
que l'amour s'apprend
que l'amour se fait
se prend se donne
se sème s'arrose
et s'épanouit
Il sait seulement
que l'amour n'est que l'amour
que l'amour n'est qu'un bijou
qu'un bijou n'est pas un bijou
c'est une exception
Et quand le cadet
fait avec Loulou
l'exception sous les estrades
il lui dit qu'il est un voyou
et que les voyous courent les stades

Le cadet joue toujours au ballon
l'aîné joue à la France
et quand le cadet
gagne avec sa bande
le championnat du monde
l'aîné ne lui dit rien
ne l'invite même pas à l'Élysée

Le soleil luit
la France a son héros
le peuple le fête

et tout le monde marseillaise
Dans un cabinet
de son palais
bien au frais
l'aîné les hait
Il n'y a que moi qui ne fête pas
il n'y a que moi qu'on ne fête pas
moi qui leur ai tout donné
moi le déjà vieil hibou
moi le personnage d'exception

Voyous !!!

\* \*
\*

## Tampousse fouguitte

Comme tout passe vite ! Hier encore nous habitions toi et moi un minuscule sous-sol au-dessus duquel nos voisins marchaient sur les mains pour ne pas nous déranger. Pour entrer dans la place, la lumière devait frapper les fenêtres de l'immeuble d'en face, puis traverser la rue sans se faire écraser pour finalement ricocher jusqu'à la nôtre et c'était se donner beaucoup de mal pour bien peu de chose quand l'on sait que le soleil ne supporte pas la captivité plus d'une journée.

Pas même assez riches pour posséder un beau gros cochon de porcelaine rose, nous n'avions pour toute tirelire qu'une maigre vache de modeste facture qui nous donnait, une fois traite, rarement de quoi nous payer un litre de lait.

C'étaient les temps durs, avec tout ce que cela ne comporte pas : l'essentiel. Nous n'avions rien, rien que de la poussière à la surface des meubles cueillis dans les ruelles, et nous la laissions là pour faire moins pauvre devant la visite.

Nous hébergions un vieil ami, Démosthène, journalier repenti, que nous avions converti en domestique, par ironie, pour donner le change, et qui nous servait au lit nos petits déjeuners. Je le revois encore dans sa livrée pousser doucement la porte de notre chambre et déposer sur l'édredon le plateau, en soulever la cloche et nous décliner son sempiternel :

— Amour et eau fraîche...

... puis retraiter à reculons vers la sortie en nous souhaitant, taquin, le bon appétit.

Tous les matins on ouvrait la fenêtre, pour changer l'air et les oiseaux. Tous les jours c'était jour de soleil sauf le dimanche où c'était dimanche et qu'il pleuvait. Alors tout le monde sortait sous la pluie battante pour vite aller se sécher à la messe. On y servait, aux dires de Démosthène, autrefois enfant de chœur, de délicieux biscuits, soi-disant vivants, très secs et tout petits que l'on gobait avec l'esprit.

Nous on faisait abstinence. On préférait jouer aux fesses. Les corbeaux restaient au dehors, les merles en dedans et nous gardions les volets fermés pour faire des jaloux.

On vivait bien mais maigres. Les oiseaux volaient pour nous et rapportaient à la maison d'entiers pains de ménage qu'ils nous revendaient pour une bouchée. On faisait des réserves, on stockait. Toutes les fins de semaine, on faisait les comptes : une, deux, trois, quatre tranches. Ordre était donné à Démosthène d'aller quérir une tomate dans un jardin des alentours. C'était le jour du Sandouiche et ce jour-là était sacré.

Des fois on sortait. On sortait pour... comment dit-on ? Travailler, voilà, c'est le mot, ça me revient : travailler. On se perdait dans les rues puis on rentrait pour récupérer. Quand on commençait tout juste à connaître le chemin du gagne-pain alors on nous virait et tout était à recommencer.

Comme tout passe vite ! Hier encore j'étais heureux. Je vivais avec toi et Démosthène ; aujourd'hui je suis seul, je n'habite plus nulle part et je n'en suis pas plus malheureux.

— Tampousse fouguitte ! comme disait mon vieux maître de latin. Tampousse fouguitte !

En ces temps-là j'apprenais le *Temps Perdu* en première classe de latin. J'étais rudement doué (pour le *Temps Perdu*), j'avais moi-même rédigé mon manuel, fait d'exercices clairs, inédits et marrants. Voyez plutôt :

Extraits du
**MANUEL DU TEMPS PERDU**
*(à l'intention des classes lunatiques)*

I — EXERCICE D'OBSERVATION

Regardez par la fenêtre et décrivez :
la chaleur du soleil
la couleur du ciel
le vol d'une abeille
la saveur du miel
votre désir de les rejoindre.

VII — MÉTAPHYSIQUE

Si vous deviez ne penser à rien
à quoi préféreriez-vous
ne pas penser du tout ?
(Développez en y pensant bien.)

# XIX – ZOOLOGIQUE

Quel animal a deux doigts de champagne
un pied de céleri
un crâne luisant
et des gencives vert-de-gris ?

# XXVII – INTERROGATIONS EN *SI* MINEUR

Si l'argent poussait dans les arbres,
existerait-il de faux arbriers ?
Si Blaise Pascal avait été analphabète,
la face du monde en aurait-elle été
changée ?

# XLII – ARITHMÉTIQUE TEMPORELLE

À votre avis, un *instant* est-il
plus ou moins long qu'un *moment* ?
Justifiez votre réponse en déterminant,
à la seconde près, la valeur d'un *instant,*
d'un *moment,* d'une *petite minute*
et d'un *tout petit moment.*
Ceci fait, calculez le nombre exact de
*moments*
contenus dans un *instant* (ou vice versa).
D'autre part on sait (ou on ne sait pas)
qu'un *lustre* vaut plus ou moins cinq ans.
En revanche, on ignore tout de la durée
d'une *lurette.*
Déterminez la durée approximative
de l'expression *belle lurette* dans la phrase :
« J' l'avions point r'vu d'puis belle lurette ! »
...
Le capitaine des sapeurs-pompiers
fête son quarantième quart-de-lustre et demi.
Au mois près, quel est l'âge du capitaine ?

## LXXIX — DE LA PONCTUATION

Répondez franchement.
Un seul point de suspension est-il chose
possible ?
Pourquoi ne suspend-on jamais les
points-virgules (;;;) ?
Que diriez-vous de mettre des points sur
les i grecs (ÿ) ?
Pourquoi une virgule ne pourrait-elle
s'interroger (?)
ou tout bonnement s'exclamer (!) ?
Faut-il y voir la trace d'une discrimination ?
Développez.

...

## CIV — DIACRITIQUE

Comment expliquer que l'invention de
Sir Conflexe
(invention qui porte d'ailleurs son nom, le^)
connaisse tant de succès en français
et si peu dans la langue de son inventeur ?

## CXXXIX — INTERMÈDE HUMORISTIQUE

### LE CANCRE

Zéro sur dix ? Mais c'est merveilleux !

### LE MAÎTRE

Ma parole ! C'est qu'il en a l'air fier !

### LE CANCRE

Mettez-vous à ma place, m'sieur !
La dernière fois, j'ai eu zéro sur vingt !

## DCLXXXVII – EXERCICE PRATIQUE
## D'ÉVASION

Grimpez résolument sur votre pupitre
imitez le chant de votre volatile favori
jusqu'à ce que l'attention de vos condisciples
soit entièrement attirée sur votre bibi.
Simultanément et vigoureusement,
agitez les bras de bas en haut.
Sitôt questionné(e) déclarez-vous
souffrant(e)
et demandez la permission de votre maître
d'ouvrir la plus proche fenêtre
histoire de voler jusqu'à l'infirmerie.
Ce résultat obtenu,
sortez et n'y revenez plus.

Comme tout passe vite... Hier encore je quittais l'école... Aujourd'hui je fais école. Mon manuel est connu dans le monde entier, les vertus du *Temps Perdu* universellement reconnues par tous les gouvernements de la terre et nous vivons tous en procrastinatie. Les dernières générations ont tant et si bien pratiqué l'exercice DCLXXXVII que les écoles sont vides et les cieux pleins d'humains. On vole à l'Assemblée, au Sénat, à l'Aile-ysée. Toutes les raisons et même celle de l'État sont bonnes pour perdre son temps.

Il n'y a plus d'économie, plus de marché, plus de bourse, plus de travail, plus de chômage. Il n'y a plus que les saisons et des gens dans les arbres : amour et eau fraîche pour tous et quelquefois du pain, que viennent leur jeter les spécimens d'une nouvelle espèce d'oiseaux qui vivent sur la terre ferme et mènent la vie de grand nid, fringués en habit queue-de-pie.

— Tampousse fouguitte ! comme disait mon vieux maître. Tampousse fouguitte !

Je l'ai revu hier, tout nu sur sa branche, qui déclinait le verbe aimer à tous les temps et même à un nouveau, ni passé ni présent ni futur : le temps rêvé.

Comme tout passe vite... Hier encore il vivait, aujourd'hui plus du tout. Un oiseau lui a jeté une pierre à la tête, pour plaisanter, et mon vieux maître est tombé de sa branche, mort du rire d'un autre. Personne n'a bougé — je parle des humains, bien sûr. Tous sont restés cachés dans leurs arbres, apeurés. D'autres oiseaux sont venus me voir, moi l'oiseau rare qui va encore à pied. Ces emplumés étaient bien embarrassés. Ils m'ont assuré qu'ils mettraient le coupable derrière les barreaux. La belle affaire !

— Tampousse fouguitte ! comme ne dira plus jamais mon vieux maître. Tampousse fouguitte !

Je ne m'attendais pas à ce que les choses prennent une pareille tournure. C'est peut-être incroyable mais je ne me sens même pas coupable. Les humains faisaient des conneries et les oiseaux font des hommeries, tout ça est du pareil au même...

Il paraît que je suis le tout dernier humain à encore aller à pied. Les humains ne veulent plus me voir, ne veulent plus m'entendre. Ils refusent même mon pain et me chient quelquefois sur la tête. Sont-ils au fond si mal intentionnés ? Peut-être me prennent-ils simplement pour une statue ?

Les oiseaux me connaissent tous et semblent bien m'apprécier. Je leur apprends le français : ça me permet de ne pas le perdre. Les oiseaux étant plutôt petits de nature, les groupes sont énormes ; il en rentre facilement mille dans une pièce, si bien que l'appel se fait par espèces, pour éviter que la classe se termine avant que ne débute le cours proprement dit.

Les oiseaux sont très attentifs ; ils apprennent vite et bien. Bien sûr, ils ne retiennent rien, mais ça leur permet de revenir tous les jours. Les fenêtres de la classe restent ouvertes à cœur de journée et jamais personne n'a eu l'idée de s'envoler. Ils remettent toujours leurs devoirs à temps, leurs copies sont propres et aérées, leurs récitations senties et bien ponctuées. Personne ne ricane ni ne fait circuler de mot ni n'écrit de manuel subversif durant les leçons. C'est mon vieux maître qui en ferait une tête !

Des fois des humains viennent se jucher sur la corniche et piaillent en espérant nous déranger. Je suis bien le seul à être troublé par leurs simagrées... Je ne m'y ferai jamais, je crois.

Le calendrier scolaire n'est évidemment pas le même que celui d'autrefois. La rentrée a lieu au printemps et la fin des classes à l'automne, rapport à la migration. Je vais me sentir tout drôle, seul dans cette grande ville avec tous ces humains...

Mon salaire de professeur me permet de louer à nouveau notre vieil appartement. Démosthène est mort. C'est du moins ce que j'ai entendu entre les branches. Ça se serait passé du temps des hommes, dans leurs derniers jours de règne. Au fond, ça n'était qu'un raté, comme vous et moi. Je ne le juge pas, d'autres l'ont fait et mieux que je n'aurais su le faire : des juges. Une histoire de vol, bétail ou volaille, un œuf ou un bœuf, je n'ai pas tout compris, les humains s'expriment de plus en plus drôlement, c'est à croire qu'ils ont donné leur langue au chat, bref Démosthène a été jugé et condamné. Tout ça n'a de toute manière plus tellement d'importance et toi non plus. Mais au fait, quel arbre habites-tu ? Un peuplier, probablement, hein ? Toujours ce goût des loyers modiques...

Comme tout passe vite... Les classes finissaient hier et les oiseaux repartent demain, pour les pays chauds. Évidemment, là où ils iront, ils emporteront leur chaleur. Me voilà beau...

Ils m'ont organisé une petite fête, pour moi, leur déjà vieux maître. Pour la première fois depuis la rentrée, ils ont chanté, chanté une chanson qu'ils avaient écrite eux-mêmes, à temps perdu, à mon intention, dans ma langue morte :

*Les oiseaux ne se cachent pas pour mourir*
*Ils n'ont rien à cacher*
*Rien à se reprocher*
*Les oiseaux ne se cachent pas pour mourir*
*S'ils le font c'est exprès*
*Pour qu'on leur foute la paix.*

Aujourd'hui, la ville est déserte et les feuillages clairsemés des arbres me révèlent des tas d'humains nus et hargneux trépignant sur leurs branches. Je vais et je viens, vaguement anxieux, le dos voûté, les épaules ramassées, et il flotte dans l'air comme une sale petite atmosphère — celle d'un vieux Hitchcock dont le nom m'échappe.

Le temps fuit, comme je dis. Le temps fuit.

\*   \*
\*

*Faits formidablement divers*

# La bouteille de lait

J'ai une histoire terrible
Surtout ne vous méprenez pas
Par « terrible » je veux dire une histoire
désolante affligeante accablante
l'histoire d'un homme et de sa famille qui
s'apprêtent à passer à table quand la
mère s'avise qu'il ne reste plus de lait
dans la bouteille et plus d'autre bouteille
dans la maison
Alors l'homme se lève passe un chandail et
sort de chez lui avec l'idée bien arrêtée
d'y revenir sitôt le lait acheté
L'homme marche sur la rue
Il habite un quartier qu'on dit populaire alors
qu'on devrait plutôt dire populeux
C'est la tombée du jour et les derniers jours
de printemps
Il fait bon
Le soleil luit encore et fait reluire les fils des
poteaux de téléphone
C'est beau
Il y a encore des gens sur la rue et beaucoup
de ces gens sont des enfants qui jouent
dans la rue et qu'on traite de voyous
alors qu'on devrait simplement les
appeler des enfants de la rue ou peut-
être même ne pas les appeler du tout
sauf à l'heure du repas et encore

Il y a aussi des gens qui prennent le frais sur les balcons et d'autres assis sur les marches des escaliers et d'autres encore sur leurs pieds

Comme notre homme qui marche toujours sur cette même rue et qui pousse la porte de l'épicerie de laquelle il ressort presque aussitôt

C'est là que mon histoire devient terrible

L'homme est sur la rue qui marche avec sa bouteille de lait

Il devrait lui arriver quelque chose

La bouteille devrait lui glisser des mains et rouler sur le pavé pour se casser en mille morceaux

L'homme devrait rencontrer sur son chemin une connaissance un voisin un compagnon de travail ou simplement reluquer une jolie femme de l'autre côté de la rue

Le ballon d'un gamin devrait rouler aux pieds de l'homme et l'homme s'arrêter pour le lui remettre

L'homme devrait se faire accoster par un automobiliste ou aborder par un piéton à la recherche de sa route

Il devrait pourtant lui arriver quelque chose

Mais il ne lui arrive rien

ni à lui

ni à sa bouteille

Le voilà maintenant rendu chez lui

Toute la famille est à table

On n'attendait plus que lui

et la bouteille

et les voici

Tous les deux

la bouteille
et lui

Et voilà

Et on dirait que c'est l'automne qui traverse
la pièce en habits du dimanche.

*  *
*

# Le point sur le i

Un matin
les habitants du Lac-sans-Nom
ont la surprise de lire
gravés au patin sur la glace vive
un grand J
un grand E

un grand T
une petite '
un grand A
un petit i
un grand M
un grand E

et trois grands !

L'auteur de l'exploit
(l'amoureux de la sauvagesse)
est repêché
noyé
par le trou que fait
dans la grâce vive
le point sur le i
À partir de ce jour
le Lac-sans-Nom a perdu le sien
pour consoler la petite désespérée.

Mais depuis
l'eau du Lac-aux-Larmes est salée.

\*    \*
\*

## L'évasion

La nuit est fraîche, tendre et vert ombré.

C'est la nuit qu'ont choisie les deux conjoints pour fuir la cellule conjugale. Des barreaux pendent, lamentables et lavables à l'eau froide, des draps de lit patiemment noués au fil d'années de vie atrocement commune. Lorsque les deux forçats ont franchi l'enceinte fortifiée de la Prison du Couple, leurs poumons exhalent à l'unisson un long soupir de soulagement.

— Pfff...

— Pfff...

Ce faisant, chacun se rend compte de la présence de l'autre.

— Mais... que fabriques-tu ici ?

— Mais... mais je te fuis, quelle question ! Et toi ?

— Moi aussi, bien sûr : je te fuis !

Soudain retentit, dans le calme de la nuit, un agrégat sonore complexe : vacarme de sirènes, d'aboiements, de hurlements d'enfants... Non loin d'eux, des piétinements frénétiques, des bruissements d'herbes folles froissées sans ménagement... Les faisceaux d'une lumière désagréablement crue et mouvante fouillent les bosquets environnants.

— Merde ! fait l'un des conjoints. Les enfants ! Tu m'avais pourtant juré les avoir mis au lit plus tôt que d'habitude !

— Les chiens auront donné l'alarme...
Tirons-nous ! S'ils nous rattrapent, ils vont
nous refoutre en taule, ensemble, pour le
reste de nos jours !

— Je ne veux pas ! Je ne veux plus vivre
avec toi !

— Mais moi aussi, mon amour ! Je ne sais
pas ce que je donnerais pour pouvoir ne plus
vivre avec toi !

— Les chiens sont sur nous ! Séparons-
nous, vite ! Notre union est une faiblesse...
Toi par là, moi par ici...

— Adieu, ma petite courge gratinée...

— Adieu, mon hydrocéphale bien-aimé...

Et chacun s'enfonce de son côté dans les
hautes herbes de la prairie survoltée, une
meute hurlante à ses trousses. Des méga-
phones rugissent des *papa !* et des *maman !*
à faire s'émietter des cœurs de pierre. Déjà,
malgré eux, les conjoints ralentissent le pas,
indécis, déchirés... Bientôt les voilà pris et
ramenés vers la Prison.

Enfant, participe présent du verbe enfer !

\*  \*
\*

## Air d'un autre temps

Sur le banc d'un jardin d'enfants
deux monsieurs très convenables
ont peine à respirer
ont peine à soupirer

— Quelle époque étouffante que la nôtre
— Tout le monde respire en même temps
personne n'a le temps de placer son petit respir
— De notre temps
on savait encore respirer
— On levait la main
— On attendait notre tour
— On respirait un à la fois
— L'air du temps était dur
— Ça oui
— On ne respirait pas tous les jours
— Ça non
— Mais on respirait bien

Sous les narines des deux monsieurs
de l'air pur vient à passer
En se faisant de très belles simagrées
ces deux monsieurs très convenables
se disputent à qui le tour de respirer

— Après vous
— Je n'en ferai rien
— Ouf je respire

— C'est bon ?
— Ça manque de sel
— C'est tout de même comestible ?
— Pour sûr prenez-en un bol pour voir
— C'est que je ne voudrais pas abuser
— Abusez c'est si bon
— Une portion d'oxygène est si vite gaspillée
— Quand il y en a pour Dieu il y en a pour trois
— Alors je respire ouf

Et en se faisant de très belles simagrées
ces deux monsieurs très convenables
se disputent à savoir qui offre les cigarettes.

*   *
*

# Histoire du chat

*pour Gaëtan Gravel*

Le chat de la maison a renversé le vase Ming
Le vase Ming contenait un billet de mille
Mille dollars c'est peu pour un vase Ming
Mais beaucoup pour le chat de la famille

Le chat a disparu
Le temps a passé
Les miettes Ming sont restées là
La maîtresse du chat a vieilli

Le jour tombait
À la porte ça a cogné
Qui ça pourrait-il être ?
Il était si tard
Il était si tôt
La maîtresse a ouvert la porte
Un inconnu souriait
Qui ça pouvait-il être ?
Il était grand
Il était beau
Il sentait un peu trop le sable chaud
  mais bon
Je suis ton chat
A dit l'inconnu
J'étais parti à Paris
Vivre mes sept vies

À Paris j'ai rencontré un pouette
Il n'avait rien à se mettre
Ni sur le dos
Ni sous la dent
J'avais le billet de mille
et les moustaches en berne
Il m'a vendu son âme
Avec l'argent de son âme
Il m'a acheté mon corps
Une souris est passée
Il s'est mis à chasser
Je ne l'ai plus revu
J'étais devenu un homme
Un homme de gouttière
Mais un homme quand même
Et voilà mon histoire

La maîtresse n'a pas cru le chat
Poliment elle l'a mis à la porte
Et prié de ne pas revenir
Et surtout pas par la chatière
Forcément s'est dit le chat
Il n'y a qu'un chat
Pour croire à une pareille bouillie
De longues journées ont passé
Ces journées
Le chat les a passées sur un banc au bois
À donner du pain aux pigeons
Puis un beau jour
Le bois est demeuré désert
Il n'y avait plus qu'un mendiant
Où sont tous les oiseaux ?
À demandé le chat
Je suis tes oiseaux
À répondu le mendiant
D'un haussement d'épaules
Le chat lui a lancé une pièce

Encore des jours
Toujours pas d'oiseau
Et chaque jour une pièce
Pour le mendiant délirant

Puis un jour
Plus même de mendiant

Hier le chat
À découvert au pied du banc
Dans un amas de feuilles
Ses oiseaux tous morts
Gisant dans un tas de pièces.

\*   \*
\*

# La voisine

La plupart des nuits
Alice les passait éveillée
L'oreille collée à la muraille

Les bruits venaient de la pièce voisine
Et ces bruits c'étaient les cris de la voisine
Alice les écoutait en roulant des yeux
    terrifiés
Elle ne comprenait pas comment la voisine
Pouvait avoir si mal
Peut-être que l'homme ne l'aimait plus
Qu'il lui disait des choses désagréables
Qu'il la battait
Ça commençait assez tôt ça ne durait jamais
    longtemps
Mais ça recommençait presque toutes
    les nuits
Et toutes ces nuits-là
Le lit frappait sa pauvre tête contre le mur

Le jour il lui arrivait de voir la voisine sur
    le palier
Alice ne lui disait jamais rien elle n'aurait
    pas bien su
Que lui dire ni comment
Il ne faudrait pas que l'homme arrive à
    l'improviste
Il faudrait amener la question tout naturellement

Mais Alice ne la connaissait pas beaucoup
Et puis ça ne la regardait pas
Mais elle aurait bien donné tout ce qu'elle
      savait
Pour savoir

Pourtant la voisine lui souriait
Elle était très courageuse
Et faisait de gros efforts pour paraître
      heureuse

Bientôt la voisine se mit à crier pendant
      la journée
Alors qu'elle était seule
Et aussi la nuit
Alors qu'il était là
Et puis on l'a retrouvée un matin
Morte dans son lit
L'homme l'avait tuée pour de bon

Des policiers sont venus
Alice ne leur a rien dit
Elle n'aurait pas bien su.

                    *    *
                       *

# Rue Gervais

Plus jamais rue Gervais
les hommes n'essuieront
des sueurs à leur front
te voyant t'éloigner
vers l'école du quartier...
Vers l'école du quartier
où tout un plein cortège
de garçons pris au piège
rêveusement te suivait
depuis la rue Gervais

Les filles te jalousaient
en comparant ton corps
à c'qui n'était encore
chez elles qu'avril en mai
Toi déjà tout en peau
toi déjà tout en fleur
je t'arrosais le cœur
tu riais dans mon dos

La rue Gervais s'ennuie
la rue Gervais vieillit
la rue Gervais Sophie
sans toi se momifie
La rue Gervais n'est plus
la rue Gervais qu'une rue
la rue Gervais où tu
ne viendras jamais plus

Plus jamais rue Gervais
les mères ne te pointeront
de leur doigt pudibond
t'en voyant revenir
de l'école en délire...
De l'école folle à lier
de laquelle un entier
bataillon de garçons
jusqu'à ton paillasson
te suivait rue Gervais

Les filles te jalousaient
en comparant tes seins
à c'qui n'était de loin
chez elles que coussinets
Toi déjà tout en mai
toi déjà tout en juin
je mangeais dans ta main
tu me riais au nez

 La rue Gervais s'ennuie
 la rue Gervais vieillit
 la rue Gervais Sophie
 sans toi se momifie
 La rue Gervais n'est plus
 la rue Gervais qu'une rue
 la rue Gervais où tu
 ne viendras jamais plus

C'est pour te dire bonjour
te demander ça va
pas pour te faire du plat
ni pour te faire la cour
qu'aujourd'hui je repasse
encore dans cette impasse
que fait la rue Gervais
traînant ces mêmes couplets

trônant dans ma mémoire
noués à mon mouchoir

Je suis le pèlerin
de la vierge que tu fus
et le disciple ému
de ta chute de reins
Moi qui te connus gosse
alors que déjà femme
je te pleus cette larme
en riant de tes noces

    La rue Gervais s'ennuie
    la rue Gervais vieillit
    la rue Gervais Sophie
    sans toi se momifie
    La rue Gervais n'est plus
    la rue Gervais qu'une rue
    la rue Gervais où tu
    n'est jamais revenue.

\*   \*

\*

# Non

Il me revient
comme il m'avait quittée
sa petite tête d'oiseau
entre ses jambes d'homme
Je connais ce genre d'oiseau
Sa braguette est une horloge suisse
dont jaillissent à heures fixes
le coucou du désir
et la mort de l'amour

Tout doux
tout doucement
tout doucereusement
il me parle d'un petit d'oiseau
du petit oiseau qui va sortir
qui devra tôt ou tard sortir
et d'un certain nid
que doit quitter ce petit oi...

MOI
*(l'interrompant)*

Écrase, veux-tu...

LUI
*(penaud)*

Mon petit oiseau
ni toi ni elles ne voulez
lui apprendre à voler

MOI

Qu'il vole de ses propres ailes

LUI

Mais il se cassera la figure

MOI

Du moment que ça ne la boutonne pas

LUI

Alors c'est non

MOI

C'est non

Et sans se retourner
il s'en retourne comme il était venu
la tête entre les jambes
Il n'en revient pas qu'on lui dise
Non
Demain pourtant il en sera revenu
et me reviendra comme il était parti
sa petite tête d'oiseau
entre ses jambes d'homme
et ce sera :
Non.

\*    \*
\*

# Trois contes d'une toute himalayenne élévation morale

## 1

### LE COLONISATEUR

L'héroïque personnage ne comprend pas très bien. Il a bien mérité de la Patrie, mais la Patrie semble se foutre de lui : la République lui avait promis la Légion d'honneur et voilà que le président lui décerne une sucette. Et comme le président se fait sénile et que tout le monde l'adore, pour ne vexer personne l'héroïque personnage se hâte de croquer sa sucette.

Depuis, il a repris du service. Il est reparti à l'autre bout du globe réduire en gigots de belliqueux indigènes, déboiser ces vastes forêts vierges qui gênent la vue des promoteurs, construire des hôpitaux, des sièges sociaux et de menues usines ici et là.

Mais un bon matin, moins de trois mois après son retour dans la contrée, un matin, on l'a retrouvé, étendu sous la bâche de sa tente, inerte, une décharge de plomb dans la mâchoire, un revolver encore fumant à la main.

Comme quoi la gourmandise est toujours punie.

*

## LE GRAND GÉNÉRAL

Le grand général faisait mourir toutes ses montures à la tâche : il ne sortait jamais sans son socle. Certains gardent leurs souliers pour dormir ; le grand général, vivant vestige de l'histoire, gardait son socle pour se battre.

De temps en temps il en descendait pour mettre le monde à ses pieds et repartait aussitôt, lui à cheval et ses chevaux de rechange à dos d'homme — car il ne chevauchait que des montures fraîches.

Un jour l'idée lui vint de faire du patin de fantaisie sur un étang gelé. Son état-major eut beau lui faire valoir que les intérêts de la Patrie l'emportaient sur les joies du patin, le général n'en fit qu'à sa tête. La minceur de la glace combinée à la pesanteur du socle firent qu'on ne le revit jamais.

Plus tard les gangsters de Chicago s'inspirèrent de la fin tragique du grand général et mirent au point de nouvelles bottines de béton souples et résistantes qui révolutionnèrent le noble sport de la plongée sous-marine.

Comme quoi une bonne idée est souvent pillée.

*

## L'HOMME-OISEAU

Un homme menait une double existence ou, mieux encore, une seule existence en deux peaux distinctes, l'une de chair, l'autre de plumes. Si ses pieds se trouvaient à quitter, ne fût-ce qu'un instant le sol, il devenait un oiseau. Inversement, dès qu'il se posait sur la terre ferme, il redevenait un homme.

Personne n'en aurait jamais rien su si un garnement ne s'était avisé un jour de lui lancer une pierre alors qu'oiseau il gazouillait distraitement sur une branche. Sitôt touché, l'oiseau tombe au sol et gît au pied de l'arbre un long moment, inconscient.

Une femme vient à passer par là, recueille le corps nu d'un homme blessé, le fait mener chez elle, l'alite et le soigne. Les membres cassés prennent du mieux, l'homme reprend des forces, tant et si bien qu'il saute au cou de son hôtesse pour lui témoigner sa reconnaissance. Ce faisant, il redevient oiseau et s'envole par la fenêtre.

Mais chaque nuit, l'homme revient en chantant et chaque aube repart en volant.

Comme quoi une bonne action est toujours récompensée.

* *<br>*

*Courrier du cœur*

# Le ventre de ta nuit

Cette nuit n'iront pas plus loin mes mots
Là jusqu'où dirait mon cœur
les caresses seules le peuvent
C'est pourquoi j'existe ces mots
pour dire ce que sont les caresses sans
les mains
C'est pourquoi j'existe ces caresses
pour dire ce que sont les mots sans
la langue
Et c'est enfin pourquoi j'existe cette poésie
cet à-mi-chemin entre mots et caresses
aux lignes jetées comme de fragiles
passerelles
au-dessus du gouffre bouillant
des entrelignes
dans lesquelles s'offrent à toi
tumultiples et très multueux
mouvementiels et perpétuants
toutes mes nuits et mes jours
et mes jambes à ton cou
et mes os à tes genoux
et l'aube de mes paumes
sur le soir de tes reins
et la pointe de mon jour
dans le ventre de ta nuit.

\*   \*
\*

# Rage dedans

## 1

J'écris une chanson d'amour
parce que moi sans chanson d'amour
la vie me paraît aussi triste
qu'une antichambre de dentiste
    Voilà ça y est c'est à moi je me lève
    elle me percute comme un rêve
    avec sa bouche pleine de lèvres
        Elle les remue et moi je m'y suspends
        elle dit « Assis ! » je me répands
        j'ouvre bien grand et je dis « Han ! »

## 2

À peine ai-je entr'ouvert la bouche
son œil se fait noir et farouche
elle me reproche mon haleine
semblable à celle de la hyène
    Aussitôt de moi malheureuse endive
    jusqu'au tréfonds de mes gencives
    s'empare une gêne incisive
        Je voudrais tant lui dire mon
        embarras
        mais j'ai la bouche pleine de ses
        doigts
        alors je demeure con et coi

### 3

Elle compte mes caries sans même
remarquer mon extase extrême
puisque chacune d'elles me vaudra
la chance de retrouver ses bras
 Elle n'écarte pas la possibilité
 des supplices les plus raffinés
 traitement de canal à la clé
  Posez-moi trente-deux couronnes
  sans détour
  si vous acceptez en retour
  d'être ma rein' pour un seul jour

### 4

Elle évoque avec précaution
la solution de l'extraction
massive de tous les vieux chicots
macérant dans ma gueule d'idiot
 Évidemment ce serait l'occasion
 de lui montrer les dimensions
 d'une bravoure sans concession
  Mais je me dois de penser au futur
  une fois édenté c'est sûr
  la séduire s'ra encore plus dur

### 5

Elle manie la fraise d'une main
si délicate que m'en vient
l'envie de me laisser forer
la mâchoire jusqu'à la Corée
 Avec tendresse elle m'enseigne l'usage
 de la soie dentaire j'envisage
 de la demander en mariage
  Je nous vois sous l'édredon sans façon
  traquer le tartre à l'unisson
  au mêm' fil d'une seule passion

## 6

Est-ce la conscience professionnelle
ou bien la fibre maternelle
qui donne à chacun de ces gestes
cette grâce quasi céleste ?
    Ses dix doigts sont autant de virtuoses
    exécutant une grandiose
    symphonie en parfaite osmose
        J'imagine les mêmes créatures
        lâchées lousses dans la nature
        pourquoi pas entre mes fémurs ?

## 7

À l'heure où m'assaillent le vice
et son cortège d'immondices
elle apporte une ultime touche
au polissage de ma bouche
    À quoi me sert dis-moi de repartir
    avec une haleine de zéphir
    si elle n'exhale que des soupirs ?
        Tu as ouvert en moi un précipice
        dont nul ciment nul maléfice
        ne saurait obturer l'abysse

## 8

J'écris une chanson d'amour
parce que moi sans chanson d'amour
je ne tiendrai jamais le coup
jusqu'à mon prochain rendez-vous
    une chanson d'amour
    parce que moi sans chanson d'amour
    son souvenir m'obsède autant
    qu'une rage de dents.

\*   \*
\*

## Déjeuner de soleil

Dans un placard
Quelque part chez moi
Il me restait des petits pois
Mais ils étaient vraiment trop petits
Et ne faisaient vraiment pas le poids
Les temps étaient durs et il fallait bien
    manger
Au menu il n'y avait que du désespoir
Désespoir matin et soir
Désespoir hiver comme été
Désespoir dur ou brouillé
Dans mon potager ne croissait qu'un
    désespoirier
Je ne faisais plus rire personne
Et moi-même je n'entendais plus à rire
Quand soudain ça a toqué à ma porte
Ça a toqué et j'ai ouvert
J'ai ouvert et tu es entrée
Tu es entrée dans la maison de ma vie
Tu es montée dans mon grenier
Tu as jeté de l'eau sur mes anciennes
    flammes
Tu es redescendue mettre la table
Sans même un couteau
Sans même une fourchette
Ni même une assiette
Simplement avec une nappe
Une nappe et un oreiller

Tu as dit le repos est servi
Et tu m'as appelé par un nom
C'était bien le mien
Et j'ai répondu par un oui.

*   *
*

# La mante

## 1

S'il est vrai que la mante
dévore son amant
si tu es consentante
je suis ton aliment
Mourir dans un ventre
n'est pas plus dur que d'en sortir
Je rêve d'une mort lente
et d'un tendre martyr

## 2

Si longuement limées
par la patine du temps
tes griffes animées
par l'appétit du sang
vont enfin se détendre
pour fondre sur mon épiderme
Je ne hisse mon membre
que pour le mettre en berne

## 3

Flamboyant dans le noir
ivoire sur ébène
tes crocs — ces hachoirs ! —
sur ma peau se démènent
Au cœur de mes plaies vives
s'écoule un singulier nectar

un filet de salive
ou une sauce tartare ?

4

À bas tous les vieux mythes
du cannibale mesquin
Tu troques la marmite
contre un lit baldaquin
C'est anthropophagique
tout autant que gastronomique
C'est anthropotragique
tout autant que comique

5

J'aurais dû me méfier
dès la prime caresse
car sous tes airs altiers
se cachait une ogresse
qui n'aurait la patience
d'attendre ma mort naturelle
À ta cruelle science
va ma dépouille mortelle !

6

Un ultime couplet
avant que ne retombe
le double couperet
de ta mâchoire en trombe
Permets-moi de songer
à une dernière fantaisie :
un baiser prolongé
en guise d'anesthésie

\*   \*
\*

# Treize merguez

Malaise à la charcuterie :
il ne reste que treize merguez !
Treize, nombre maudit
plein de mythes et de fadaises !
« Bah ! se disent les deux amoureux
qu'a mis en appétit la b...
On est pas superstitieux :
donnez-les nous les treize ! »
Mais treize
ne vous déplaise
outre que d'être un nombre pervers
dont la fourbe apparence inquiète
est aussi un nombre bêtement impair
dont la division produit des miettes...
Or, une fois le tout rôti
se pose le crucial problème :
treize merguez, c'est bien joli
mais que faire de la treizième ?
La tirer au sort ? trop facile !
la trancher ? bien trop cruel !
la foutre aux poubelles ? débile !
(tiens ! ça miaule dans la ruelle !)
La solution retenue par l'amoureuse
nous paraît la plus heureuse :
elle dépose dans une assiette
six merguez et dans l'autre sept
Subodorant le sacrifice
anticipant l'injustice
d'une voix de mélodrame

le fier amoureux s'exclame :
« Pourquoi donc sept pour moi
et que six pour toi ? »
L'amoureuse le lui dit :
l'explication le ravit.

Comme quoi trois tout petits mots et
  une apostrophe
suffisent à désamorcer les pires catastrophes.

*   *
*

# Ruelle du Frère-André

## 1

Ruelle du Frère-André
par une nuit d'été belle
j'ai vu deux flammes trembler
pour une seule chandelle

## 2

Elle était un peu grosse
et lui je crois très maigre
mais tous deux étaient roses
dans la pénombre nègre

## 3

Les ai-je bel et bien vus ?
j'ai mémoire incertaine
Ne les ai-je qu'entendus
faire rimer leurs haleines ?

## 4

Non j'ai bel et bien vu
ces deux ombres chinoises
se fondre tant et plus
à ma barbe pantoise

5

Voyeur ! Quelle dérision !
Oui j'avais pris racine
figé par la vision
d'une étreinte anonyme

6

Et les croissants d'ivoire
de leurs bouches gourmandes
dessinaient dans le noir
des étoiles en amande

7

Chacun de l'autre l'île
au trésor de légende
creusait, fiévreux, fébrile
cette terre d'offrande

8

Puis je vous ai perdus
et je n'ai jamais su
qui vous êtes devenus
car la chandelle mourut

9

Je vous prête ma plume
le temps de quelques rimes
d'un hommage posthume
à vos ébats sublimes

10

Ruelle du Frère-André
par une nuit d'été belle
j'ai vu deux flammes trembler
pour une seule chandelle.

\*   \*
\*

## La parole est au bonheur

J'ai un ami qui parle comme une fleur
   au fusil
J'en ai un autre qui parle comme une
   courbe de croissance
Un autre qui parle comme la ligne du parti
Un autre qui ventriloque à trois voix
   comme la trinité
Moi qui crois bien ne croire en rien
Moi je ne parle pas
Je préfère les écouter parler
Tous à la fois un en même temps
Le temps qu'il me faudra pour aller à
   leur rencontre
Et venir les comprendre
Parce que voyez-vous moi
Je ne parle pas le droite-gauche-droite
Je ne parle pas le jargon blindé des affaires
Je ne parle pas la langue de bois des puissants
Je ne parle pas la parole de Dieu
Je ne parle que le bonheur
Et personne ne me comprend
Personne sauf une amie
Qui me parle en amour
Elle me l'a montré
Entre quatre murs
En pleine nature
Quatre murs qui n'ont rien vu
Mais qui ont tout entendu
Quatre murs qui ont tout compris

Mais qui n'ont rien dit
Pas même un murmure
D'ailleurs il n'y avait rien à dire
Un respir par-ci un soupir par-là
Bien peu de choses en vérité à taire
Bien peu de choses en somme à ébruiter

La fenêtre était ouverte sur la rue déserte
Il avait plu de la pluie qui mouille
Un peu de notre sueur sans doute
Le pavé ruisselait de mille reflets
De pluie qui mouille sans nul doute
Et la nuit poussait devant elle un cerceau
En un bruit de pneumatique
Pneumatique antimouille sans aucun doute.

*  *
*

# Chansornette en rut majeur

*Prologue :*    De la foudre jaillirent deux
flèches
tirées par cet archer polisson
et nos cœurs au bout d'une
même mèche
s'enflammèrent à l'unisson

## 1

Vous fûtes vous fûtes
de toutes mes fleurettes
vous fûtes vous fûtes
la plus belle amourette
    Des riches heures de ma vie
    la plus belle des minutes
    telle que vous Duc de Berry
    au grand jamais n'en connûtes !

## 2

Vous fûtes vous fûtes
de toutes mes courbettes
Vous fûtes vous fûtes
de toutes mes pirouettes
    Reine de l'acrobatie
    que nul excès ne rebute
    Dans toute la galaxie
    sans égale dans la culbute !

## 3

Vous fûtes vous fûtes
de toutes mes conquêtes
vous fûtes vous fûtes
ma plus vive tempête
  Celle qui embrasa mes nuits
  de plus que brûlantes luttes
  qui divertit mon ennui
  des plus farouches disputes

## 4

Vous fûtes vous fûtes
de mes envies secrètes
Vous fûtes vous fûtes
la plus belle interprète
  D'entre toutes la plus hardie
  à se joindre à mes turluttes
  Que de subtiles harmonies
  vous tirâtes de ma flûte !

## 5

Vous prîtes vous prîtes
sans tambour ni trompette
Vous prîtes vous prîtes
la poudre d'escampette
  Pourquoi ne pas m'avoir dit
  que vous blessait ma conduite ?
  Peut-être eussé-je réussi
  à prévenir votre fuite ?

## 6

Vous pûtes vous pûtes
briser mon cœur tout net

Vous n'eûtes vous n'eûtes
que la joie tristounette
   D'entendre toutes les nuits
   hurler à mort sur la butte
   le pauvre amant éconduit
   envers qui vous fûtes si brute !

*Épilogue :*  Depuis vous c'est la saison
     sèche
     et aussi loin que porte l'horizon
     l'on ne voit pas la moindre
     flammèche
     maudit sois-tu Cupidon !

* *<br>*

## Visa

Je ne demande pas l'asile érotique
Je ne demande pas la citoyenneté d'amour
Je ne demande pas même un spermis
de séjour
Je ne demande qu'un visa
un tout petit visa d'une vie
pour le pays d'Entre-Tes-Bras.

*   *
    *

## Les plus belles histoires d'amour vous tendent leurs lèvres rouges

Quoique le dernier saucisson qui méritât
    véritablement l'appellation contrôlée de
    saucisson eût été dûment dévoré sans
    vergogne et même sans couvert au
    Concile de Trente
Quoique toutes ces sales rumeurs autour du
    refroidissement        infinitésimalement
    graduel du soleil et plusieurs autres de
    ces lassantes tracasseries
Quoique tous ces quoique je vous affirme que
les plus belles histoires d'amour n'ont pas
    toutes été vécues
Quoique l'irréparable outrage du temps sur
    les doigts de pied des pharaons au
    sommeil profané et quoi qu'en pensent
    les concernés bistourisés par une flopée
    d'experts convaincus que leur métabo-
    lisme n'est pas tout à fait patraque
    question d'électrons vivaces
Quoique cet état de choses et quelques
    autres dont l'espace nous manque pour
    relater ici l'exacte teneur
je vous l'affirme
les plus belles histoires d'amour n'ont pas
    toutes été vécues
Les plus belles histoires d'amour vous
    tendent leurs lèvres rouges.

*    *
*

# Carrières et professions

# Les métiers de l'Homme
## *(Prologue encyclopédique)*

L'Homme a créé l'insomnie pour lui tenir compagnie la nuit et aussi le travail pour l'empêcher de rester au lit toute la journée. Quelle que soit l'occupation en laquelle il consiste, le travail n'est pas vraiment intéressant. Il ne doit sa grâce qu'au profit qu'y trouve l'Homme. Avec ce profit, l'Homme s'achète les lits dans lesquels il rêve de profits qu'il ne devrait pas à son travail.

Il n'y a pas, comme le voudrait certain dicton, cinquante-six métiers. Ne nous y trompons pas. Tous ceux-là découlent de ces deux-ci :
petit a) le métier de cordonnier, qui chausse l'Homme ;
petit b) le métier de chapelier, qui le coiffe.

Des souliers pour ne pas s'ensanglanter les pieds, un chapeau pour ne pas prendre froid : voilà qui suffit à l'Homme de toute époque, non pour le rendre heureux, c'est un fait, mais pour le rendre à tout le moins *viable.* Il est de nos jours reconnu que les extrémités sont les points faibles de l'Homme et que son instinct le pousse à les protéger davantage que toute autre partie du corps.

Des générations de chercheurs, partis à destination des pôles pour n'en jamais revenir, l'ont éloquemment prouvé. Des portraits d'époque nous les montrent, au départ d'expéditions, nobles et graves, massés sur les ponts d'orgueilleux navires, *nus comme des vers*. Munis de chaussures et de couvre-chefs adéquats, ces preux conquérants n'eurent-ils pas connu un tout autre destin ?

La découverte de nombreuses peuplades d'hommes dits sauvages est venue par la suite confirmer ce que tous soupçonnaient déjà. Livingstone lui-même, dans le dernier tome de ses *Mémoires,* rapporte n'avoir jamais rencontré au delà des rives du Tanganyika un homme *autrement que nu* — ce qui leva le voile sur la piètre aptitude d'un Occidental à survivre dans ce milieu hostile. La mort tragique de Livingstone se révéla d'autant plus stupide que la grande majorité des autochtones qu'il croisa sur son chemin allaient dûment *chaussés et coiffés*.

Il ne faut pas s'étonner, de nos jours, malgré les formidables progrès de la médecine et l'augmentation constante de l'espérance de vie, que des hommes persistent à mourir avec cette opiniâtreté qui les honore — et ce dans nos contrées réputées florissantes. La raison en est enfantinement simple : il n'est qu'à regarder les vitrines des chapeliers et des cordonniers. Elles regorgent respectivement de chapeaux et de chaussures. C'est chose somme toute normale, serait-on en droit de croire. Mais à chacun de ces chapeaux, à chacune de ces paires de souliers tragiquement inoccupées, correspond *exactement,* fatalement un décès.

Des études statistiques le confirment, que certains esprits obtus préfèrent bouder et dont les auteurs eux-mêmes nient farouchement l'existence — ce qui permet à tous et chacun d'affecter la plus allègre insouciance.

Armstrong, premier homme à faire tant de bruit avec une si faible dépense de calories et de surcroît astronaute, n'a *jamais* rencontré un indigène lunien qui ne fût chaussé et coiffé. Bien sûr, l'Histoire nous enseigne qu'Armstrong et son équipier, lors de leur séjour sur la Lune, n'y croisèrent pas le moindre indigène lunien. Il ne faut pas s'en étonner outre mesure. Le Lunien, être herbivore, fantasque, grand amateur de bridge et exagérément casanier, ne connaît ni le chapeau ni le soulier. On s'explique dès lors mieux son inexistence flagrante.

La dernière expédition lunaire y a abandonné, en pleine mer des Marx Brothers, une pleine caisse de chapeaux et de souliers.

Qui sait, sous le vide étoilé ? Qui sait ?

\*   \*
\*

# Ramasseur des feuilles mortes
## du carré Saint-Louis

Ramasseur des feuilles mortes du carré
    Saint-Louis je suis
ramasseur des feuilles mortes du carré
    Saint-Louis je reste
Les trois quarts de ma vie
c'est la saison morte comme on dit
alors je fais l'amour avec Marie
et notre amour fait des petits
Petit à petit ça doit nous en faire treize à la
    douzaine
peut-être un peu plus peut-être un peu
    moins
quand on aime on ne recense pas
En attendant qu'ils se baptisent eux-mêmes
on leur donne toutes sortes de noms
jamais pareils d'un jour à l'autre
des noms marrants
des noms d'enfants sauvages
des noms composés
des noms passagers
des noms clandestins
des noms de passe
des noms circonstanciés
des noms personnalisés
des noms comme seuls en ont les Indiens
des noms à dormir debout comme les chevaux
des noms à coucher dehors comme la belle étoile

Fièvre-des-Foins... Honorable-Feignant...
Heure-du-Bain... Calme-avant-la-Tempête...
Belle-et-pas-Bête... Tintamarre-de-Nuit-d'Été...
Poumons-d'Acier... Deux-P'tites-Minutes...
Abominable-Enfant-des-Ruelles... RRRododo...
Cœur-de-Tarte-aux-Pommes... Jolie-Môme...
Culottes-Baissées... Pierre-Précieuse... Beau-
Temps-pour-Rester-Couché-Toute-l'Année...
Quatre-Saisons-pour-le-Prix-d'Une... Raison-
de-Vivre... Beauté-Vitale... Deux-Yeux-Même-
Trou... Fumencachette... Bouchbée... Morvaunez...
Attends-Jtattrape... Branlbadcomba... Fleur-
de-Navet... Enfance-de-l'Art... Parole-de-
Scout... Pissoli... Nez-Fourré-Partout... Houtami-
Tatuk-Hétémitaine... Bon-pour-la-Corde...
Amour-Toujours... Mauvais-Quart-d'Heure...
Patte-de-Canard... Méamaximissaculpa...
Ventraffamé-Napadoreille... Reviens-Vaurien...
Silence-Équivoque... Une-Heure-Plus-Tard-
dans-les-Maritimes... Tékliképitéklak...
P'tit-Escogriffe... Plus-Haut-que-le-Trou... Petit-
Génie-des-Coups-Pendables... Plus-que-Tout-
au-Monde... Boidulet-Kommunvo... Dos-
d'Âne... Tête-de-Linotte... Front-de-Bœuf...
Humeur-de-Chien et Cuisses-de-Grenouille

Ramasseur des feuilles mortes du carré
    Saint-Louis je suis
ramasseur des feuilles mortes du carré
    Saint-Louis je reste
Les trois quarts de ma vie
c'est la saison morte comme on dit
alors je fais l'amour avec Marie
et notre amour fait des petits.

                    *    *
                        *

# Incuranologue

*La scène se déroule dans le cabinet du Dr Charon, directeur de la clinique Styx, qui reçoit à l'instant la visite de l'un de ses patients, M. Mortel, que guette une bien triste nouvelle.*

*M. Mortel est un solide gaillard tout rose dans la fleur de l'âge, dont rien ne laisse présager l'imminent trépas. Il a l'air doux et un peu bête de ces humains qui se laissent mener à l'abattoir en exigeant des coups de fouet pour aller plus vite.*

*Charon est vieux comme le chemin et semble avoir servi comme dos d'âne pendant cinquante saisons de Formule 1. Sa constitution diaphane, sa carnation spectrale, ses tremblements vibro-massants donnent la souveraine impression qu'une brise légère, un borborygme, un pet suffira à l'étendre pour le compte. Il a cette expression vaguement embêtée qu'ont les tueurs en série qui n'aiment pas beaucoup leur travail.*

Dr CHARON
*(fort embarrassé)*

Eh bien, eh bien, teuheu, teuheu...

M. MORTEL
*(prévenant)*

De grâce, Docteur, détendez-vous un peu...

Depuis le temps, vous devriez avoir l'habitude de ce genre de choses, n'est-ce pas ?

En effet, je devrais. Mais je ne m'y suis jamais fait...

M. MORTEL

Ne me ménagez pas, Docteur. *(Avec une énergie croissante)* Allez droit au but... Crachez le morceau... Pas de gants blancs ! Fessez dans le tas !

Dr CHARON

Bon, puisque vous y mettez du vôtre, je n'irai pas par quatre chemins : vous allez mourir. Là, vous êtes content ? C'est ce que vous vouliez, non ?

M. MORTEL
*(attentionné)*

Ça va mieux maintenant ?

Dr CHARON

Oui, merci. Vous savez, c'est toujours un mauvais moment à déguster pour un médecin. Surtout quand son patient devrait statistiquement lui survivre d'un bon demi-siècle. Aussi, on dirait que vous le faites tous exprès ! Pourquoi vous et pas moi ? Les vaches sont peut-être bien traites, mais la vie est mal faite !

## M. MORTEL

? ? ?

## Dr CHARON

Vieux proverbe bantou. *(Un temps)* Zut ! Ne souriez donc pas comme ça ! Vous pourriez me saisir par le collet et me battre comme un tapis. Vous en avez le droit !

*À petites secousses navrées, Mortel branle doucement le chef de gauche à droite, comme s'il assistait à un match de tennis entre paraplégiques.*

## M. MORTEL

Ah, ça ! Je ne vous envie pas. Comme disent les tueurs à gages, c'est un sale boulot, mais quelqu'un doit bien le faire, n'est-ce pas ?

*Le docteur opine en s'épongeant le front. Mortel exhibe un flasque et invite son vis-à-vis à s'en administrer une rasade, lequel ne se fait pas prier.*

Dites-moi, Docteur, sans vouloir m'appesantir sur le sujet... Je peux vous poser une question ?

## Dr CHARON

Si vous y tenez.

## M. MORTEL

Juste un petit détail qui me chicote et on n'en parle plus. C'est à propos de la date...

Dr CHARON
*(n'entravant point)*

La date ?

M. MORTEL

Oui, la date...

Dr CHARON
*(confus au delà de toute mesure)*

Suis-je bête ! Mille excuses, mon cher... *(Il consulte son agenda.)* Il me reste encore un trou dans la semaine du 20.

M. MORTEL
*(un peu réticent, tout de même)*

Du 20 de ce mois-ci ?

Dr CHARON
*(ton légèrement cassant)*

C'est que c'est assez pressant, mon ami. Vous n'en avez vraiment plus pour longtemps... Mais si vous préférez changer vos plans et opter pour une agonie longue durée...

M. MORTEL

Non, non, ne vous donnez pas cette peine. C'est que... Et puis non, oubliez mes réserves, ça ira très bien comme ça.

Dr CHARON
*(infiniment professionnel)*

Alors nous disons... Le 23, dans la matinée, après l'heure de pointe. Ça vous conviendra ?

## M. MORTEL

Ce sera parfait. Vous savez, j'ai cessé de travailler, alors j'ai toutes mes journées à moi... *(Un froncement de sourcil)* Quoique... Vous avez bien dit le 23 ? C'est que j'ai d'assez bons billets pour le match de ce soir-là et j'aurais bien aimé ne pas le rater... Sans compter qu'un ami compte sur moi pour le marathon, dans l'après-midi...

## Dr CHARON
*(soupirant)*

Bon, alors le 30, en matinée. Après tout, c'est votre mort, non ?

## M. MORTEL

Votre compassion me touche. Au fait, dites-moi, puisqu'on est dans le vif du sujet... Vous ne m'avez pas parlé des séquelles...

## Dr CHARON

Des séquelles... ?

## M. MORTEL

À mon décès, bien entendu. Je veux dire : est-ce que ça entraîne des conséquences très désagréables ?

## Dr CHARON

Oh ! Je vois. Non, on ne peut pas dire ça... Mis à part l'arrêt définitif des fonctions vitales, aucune mauvaise surprise. Tout au plus une certaine perte d'autonomie.

M. MORTEL

Bref, une fois que je suis mort, c'est fini tout de bon ? Plus aucun espoir de rémission possible, pas de cryogénie sournoise ou de rétablissement miraculeux, vous êtes catégorique ?

Dr CHARON

Vous avez ma parole. Pas un patient ne m'a jamais survécu. La clinique Styx se montrera digne de la confiance que vous avez placée en elle. Rappelez-vous nos slogans fameux... « Votre ultime diagnostic »... « Expertise sans pareil, jugements sans appel, regrets éternels »... « La mort est notre métier »... « Vous êtes le meilleur ; partez le premier ! »...

M. MORTEL

Faut m'excuser, Docteur... J'ai l'air teigneux, comme ça, mais c'est la toute première fois pour moi. Vous comprenez, je suis un néophyte complet, un éphémère débutant, quoi... Mais si je peux me permettre... Vous-même ?

Dr CHARON
(sotto voce)

Jamais. Avec un J majuscule.

M. MORTEL

Excusez ma curiosité... On n'a pas l'idée d'ainsi arracher les vers du nez à son médecin...

Dr CHARON

Du tout, du tout, vous êtes tout exhumé. Un consommateur a tous les droits et ici comme partout ailleurs le client est roi. Le traitement **V**raiment **I**ncurable **P**atient. Mais pour parler franchement, je vous avouerai platement en être au même point que vous : une ignorance crasse. Nous sommes tous idiots devant la mort...

M. MORTEL

Ah bon ? Parce que j'aurais cru...

Dr CHARON

Vous savez, sous prétexte qu'un médecin fréquente des condamnés à longueur d'année, on se figure des choses... On s'imagine que ci, on phantasme que ça... Soit dit entre vous et moi, j'admets que c'est quelquefois bien tentant...

M. MORTEL
*(avec une admiration non dissimulée)*

Et vous n'avez jamais succombé à... ?

Dr CHARON
*(assez fier de lui-même)*

Ja-mais !

M. MORTEL

Un peu jaloux, tout de même ?

Dr CHARON
*(soupirant)*

Un peu, j'avoue. Mais il y a l'intégrité... L'in-té-gri-té.

### M. MORTEL

Et si vous me faisiez un petit bout de conduite ? J'ai toujours pensé qu'un bon médecin devait sombrer avec son malade.

### Dr CHARON

C'est aussi mon avis. Mais c'est hélas impossible. Si on veut que tout le monde meure, il faut bien que les médecins vivent, non ? *(Un coup d'œil pénétrant à sa montre-bracelet)* Je ne veux pas vous presser...

### M. MORTEL

N'en dites pas plus. Je sais que l'on s'entretue pour venir mourir chez vous. Je vois votre agenda d'ici... Plein de petites croix à perte de vie !

### Dr CHARON

M'en parlez pas... Un vrai charnier !

*Patient et médecin se lèvent et se livrent à un vigoureux shake-hand.*

Alors je compte sur vous pour le 30. N'oubliez pas de poster les faire-part et de contacter votre fleuriste.

*Mortel se lève d'un bond souple et athlétique, effectue quelques flexions alternatives des jambes avec rebond pour se désankyloser. Avant de quitter le bureau, il conserve longtemps dans la sienne la main flasque et veineuse du médecin.*

M. MORTEL

Je peux vous dire une chose ? Depuis que je suis haut comme ça, j'avais toujours rêvé de mourir dans vos bras. Mon père m'a toujours dit : « Vis en tâcheron, mais meurs chez Charon ». Vous vous souvenez peut-être de mon père, Amédée Mortel Sr ?

Dr CHARON
*(ossant les épaules)*

Oh ! Vous savez... Des mortels, j'en ai connus quelques-uns...

M. MORTEL

Ça ne fait rien, ça ne fait rien. Bon, je vous lâche la grappe. Portez-vous bien. *(Taquin)* N'allez pas me faire faux bond, fripon !

*Mortel salue, s'apprête à sortir et revient une fois encore sur ses pas.*

Vous excuserez ma brusquerie, mais... Votre charmante secrétaire... Elle est célibataire ?

Dr CHARON
*(sourire de Joconde)*

Ha-han.

M. MORTEL

Et si je l'invitais à prendre un verre... Vous croyez que... ?

Dr CHARON
*(sans se départir de son curieux sourire)*

Un ver ? Ne vous donnez donc pas cette

peine... Laissez-la plutôt venir à vous. Mlle Lafaux est une jeune femme très entreprenante...

* *
*

## Femme de magicien

La femme du magicien pense à ses amis
son ami l'homme-obus
son amie l'écuyère
son ami le dompteur de bêtes
son amie la fille de fériste
à tous ses amis
qui risquent leur peau
pour le bon plaisir des foules
et aussi à son ami le cloune
qui risque la porte
s'il rate son entrée
La femme du magicien pense aussi
à cette vieille blague du métier :
« Un magicien a scié en deux sa tendre moitié
on dit qu'il l'a équartelée... »
Vieille blague du métier
taquinerie de camarades
qu'on répète comme ça
sans penser à mal
C'est à tout ça que pense la femme du magicien
en prenant place dans la boîte noire
pour le bon plaisir des foules
C'est à tout ça que pense la femme du magicien
en se raidissant dans la boîte noire
en croyant très fort à la vie
en croyant très fort à la magie.

\* \*
\*

## Apporteur

Au début, en lui ouvrant sa porte, tout le monde le prend pour un colporteur. Mais non : il ne vend ni brosse ni aspirateur. Il n'a d'ailleurs rien à vendre. Et ce n'est pas non plus un assureur-vie : ceux-là portent cravate, sourire et serviette. Lui n'a rien à vous proposer. Il vient simplement donner. Donner sans discuter et sans contrepartie. C'est un apporteur.

Il a sur le dos un attirail semblable à ceux des vitriers d'autrefois. Mais lui ne porte pas de vitres : il porte des miroirs, des miroirs qu'il donne et que personne ne refuse. Les gens qui sont laids se disent que ça peut toujours servir. Ceux qui sont beaux ne disent rien et s'en servent.

S'il se trouvait quelqu'un d'assez perspicace pour suivre pas à pas l'apporteur, parviendrait-il seulement à soupçonner le manège de l'homme ? Car l'apporteur ne procède pas au hasard. Il évite délibérément certaines adresses, se rabat résolument sur d'autres. Jamais à la devinette, mais d'un pas catégorique, placide et tranquille, sans consulter aucune liste.

Le soir venu, dans l'intimité douillette de son foyer, chacun se contemple dans son miroir. Et l'on peut entendre, de par toute la ville, des cris concurrençant en horreur ceux des bêtes qu'on saigne sans ménagement.

Au même moment, à l'autre bout de la terre, l'apporteur poursuit paisiblement sa tournée. Le voici justement qui ressort d'un parlement pour s'engager maintenant dans le quartier cossu de la ville. Plus tard, il obliquera vers le plus pauvre. Personne ne sera oublié.

Au début, en lui ouvrant sa porte, tout le monde le prend pour un colporteur ou un assureur-vie. Mais il n'a rien à vendre ni à proposer. Il vient tout bonnement donner. Des miroirs. Des miroirs de l'âme.

*    *
*

# Affûteur de couteaux conjugaux

## 1

Jadis dans les ménages
l'homme régnait, tyrannique
Sanguinaire et brutal
il égorgeait ses femmes
    Aujourd'hui le partage
    des tâches domestiques
    est à ce point total
    que monsieur et madame
sur un même pied d'égalité l'un l'autre
s'égorgent sans merci
Les couteaux jamais n'ont volé plus
qu'aujourd'hui

        Dans mon vieux camion
        rouillé jusqu'au trognon
        ne roule que ma meule
        et c'est ce que les gens veulent
        C'est moi qui affûte les couteaux
        conjugaux !
        Je passe dans les ruelles
        agitant ma crécelle
        Partout sur mon passage
        s'égorgent les ménages
        C'est moi qui affûte les couteaux
        conjugaux !

Des couteaux pour couper
en tout petits morceaux
les belles qui s'amusent
à faire pousser des cornes
    Couteaux pour découper
    en délicats lambeaux
    les hommes qui abusent
    et dépassent les bornes
Couteaux pour sectionner les objets du
flagrant délit :
bibelots, pendeloques, roubignolles et zizi !

(Au refrain, si charmant)

## 3

Y a rien de pire au monde
qu'une lame mal aiguisée
sinon une lame rouillée
ou une lame en dents de scie
    Un conjoint qui succombe
    a le droit d'exiger
    d'être étripatouillé
    par le meilleur outil
À l'heure où l'on milite pour la qualité de
la vie
demandons à crever en beauté chers amis !

(Au refrain, si attendrissant)

Il y aura de bonnes âmes
pour s'insurger vivement
contre le caractère

odieux de cette chanson
    Mais quand monsieur madame
    au prochain argument
    la passion meurtrière
    vous passera des frissons
alors peut-être à la mémoire vous reviendra
ma p'tite chanson
et plutôt que de tuer rirez-vous comme
des cons !

        Si bien qu'une bonne journée
        je devrai me tourner
        faute de matière première
        vers une nouvelle carrière
        J'aurai affûté les couteaux
        conjugaux !
        Adieu mon vieux camion
        rouillé jusqu'au trognon
        ma meule et ma crécelle
        et ma vieille ritournelle
        C'en sera fini de mes couteaux
        conjugaux !

            *   *
              *

# Designer d'univers

## 1

Nous décidons que Dieu a tout créé de travers
qu'Il n'était pas dans un bon jour cette
    semaine-là
qu'Il aurait dû commencer par reposer
    Sa Tête Enflée avant de faire des Siennes
En gens simples et francs que nous sommes
    nous Le convoquons et nous le Lui
    signifions en termes choisis
Nous Le prions en outre d'accepter cette très
    jolie montre-bracelet
témoignage de notre gratitude pour ces
    milliards d'années de loyaux services
et accessoirement d'aller faire de l'air dans
    l'éther
Il ne Se fait pas trop prier
Il sait bien qu'Il n'a plus le feu sacré
Il Se laisse docilement pousser vers la sortie
et S'en retourne navrement vers Sa
    cambrousse natale
avec Son tricorne sous le bras et Son diable
    par la queue
Alors sans perdre une minute nous retroussons
    nos manches
Autour des deux ultimes cigarettes qui se
    fumeront en ce monde nous récapitulons
    notre plan

À l'aide de poudres appropriées et savamment additionnées

nous transmutons d'abord l'Univers en éparses poussières scintillantes

Cela ne va pas sans heurt

Nous entendons force *oh* et un nombre sensiblement égal de *ah* avant de savourer un silence d'une rare qualité quoique encore lourd de rancunes transitoires

Ça nous crève un peu le cœur

Nous ne sommes pas complètement fiers du procédé mais nous nous consolons mutuellement en nous disant qu'on ne fait pas de genèse sans casser d'œufs

Nous déployons ensuite notre Grand Siphon

Le Grand Siphon c'est une idée à nous

Ça vous aspire tous les brimborions de vestiges de mondes en produisant un chouette petit ronronnement feutré entrecoupé de claquements de langue goulus

Ça prend un certain temps

Nous ne nous énervons pas

Nous avons tout le temps

Une fois l'opération terminée nous recueillons précieusement le sac plein de brimborions de vestiges de mondes et en répandons soigneusement le contenu sous le Tapis Rouge de l'Éternité

Ça fait une petite bosse

Ça ne fait pas très propre

Mais nous avions prévu le coup

Nous retournons le Tapis et le roulons sur lui-même jusqu'à ce qu'il s'évanouisse dans les ténèbres par un singulier phénomène d'autophagie spatio-temporelle

Nous voilà désormais seuls au Néant
Nous pouvons enfin passer aux choses
    sérieuses

2

Chacun prend alors place à l'intérieur de
    l'autre
histoire de fusionner nos immatriculations
    génétiques respectives à nous en
    empêtrer les doubles hélices
Jamais amants n'auront été plus siamois
À qui ce sein ce pied ce nez à toi à moi ?
Entité unique ultime et inaltérable
nous voilà gravitant paresseusement dans
    un vide
où tout n'est que paix harmonie et pur esprit
chérissant les mêmes pensées
obéissant aux mêmes idéaux
esquissant le synopsis d'une nouvelle
    genèse
un truc sans serpent et sans pomme
et peut-être même ni femme ni homme
une perspective osée mais un tantinet
    déstabilisante
et qui n'est pas sans nous flanquer bientôt
    un cafard monstre
D'ailleurs
pour être tout à fait franche
l'Entité unique ultime et inaltérable que nous
    sommes
commence à s'emmerder somptueusement
La paix sans le désordre
l'harmonie sans la discorde
et le pur esprit sans une petite partie de bête
    à deux dos par-ci par-là
ça n'est pas une vie

Aussi nous recrachons-nous l'un l'autre vite
fait
récupérant nos chères vieilles combinaisons
charnelles
moi reprenant du poil de mon mâle et toi de
ta femelle
nous invectivant comme naguère de noms
d'oiseaux disparus
évoquant des fonctions physiologiques
révolues
nous giflant à la volée avec délectation
pour nous raccommoder aussi sec avec
jubilation
sécrétant à nouveau des humeurs non
équivoques
écumant d'un désir renaissant et réciproque
retrouvant sans pratique le verbe originel et
tonique
de l'ère prélinguistique

3

Toi Ève
moi Adam
houba houba hop !

\*   \*
\*

## Marchand de sable

Une nuit qu'ell' n'a rien à faire
une nuit comme à l'ordinaire
la Police arrête un pauv' diable
qui se prétend marchand de sable
« Fouillez-moi et vous allez voir
que je n' vous raconte pas d'histoire »
On le fouille mais pas le plus p'tit
grain de sable qui soit sur lui
« C'est normal, raconte le marchand,
j' l'ai laissé dans les yeux des gens
— Assez blagué, dit la police,
on t'amène au Palais d' Justice !
Le lend'main qu'ell' n'a rien à faire
un lend'main comme à l'ordinaire
la Justice entend le pauv' diable
qui se prétend marchand de sable
« Si tu dis vrai, dit la Justice,
je porte contre toi d'office
des millions d' chefs d'accusation
de va-et-vient par effraction ! »
— Mais puisque c'est dans ma nature
d'entrer chez les gens par les murs
je ne vois vraiment pas comment
j'aurais pu m'y prendre autrement...
Le lendemain le pauvre diable
qui se prétend marchand de sable
s'est déjà sauvé de prison
sans drap, sans lime et sans façon

La nuit même on a retrouvé
le Palais d' Justice enterré
Pour se venger le pauvre diable
en avait fait un château d' sable

À la grand' joie du voisinage
qui n'avait jamais vu la plage !

\*   \*
\*

## Tailleur d'hosties

« Y a du pain sur la planche !
Y a du pain sur la planche ! »

C'était tout ce qu'il trouvait à prêcher
la seule raison qu'il trouvait à nous faire
    entendre
Pour lui nous retroussions haut nos manches
et tombions à bras raccourcis sur la pâte
Cette pâte nous la pétrissions la pétrifiions
et le pain ainsi obtenu tranchions
en de très fines et quasi translucides
    lamelles
que nous découpions avec des ciseaux à
    bout rond
en de très jolies et très sphériques rondelles
C'était pas le mauvais larron le patron
mais je crois que toutes ces hosties
ont fini par lui monter à la tête dirigeante
Il fallait le voir dans son habit
un très curieux complet-veston-soutane
s'amener bénir le pain dans ses grandes
    pompes
« Au nom de feu mon père président fondateur
de moi son fils actionnaire majoritaire
et du saint-esprit des affaires
bénissez mon Dieu ces hosties de qualité
    supérieure
d'appellation contrôlée au goût si croustillant
point trop acide point trop amer

sans additif chimique et à très faible teneur
     en gras... »
Et prenant l'un des petits pains au hasard
il le brandissait délicatement à bout de bras
et le rompait sentencieusement en deux parts
« Ceci est mon gain ! »
Avec un recueillement de grand chrétien
il en bouffait les deux moitiés (glop, glop)
puis recueillait les miettes de son festin
et partait les ranger dans de petites
     enveloppes
qu'il nous remettait plus tard à la fin de la
     semaine
et qu'il appelait notre pain hebdomadaire
Il aurait bien sûr pu employer le mot salaire
mais c'était un terme qui le dégoûtait
Il préférait parler de notre boulot comme
     d'une mission
et il est bien vrai que nos dérisoires
     honoraires
relevaient davantage du bénévolat que
     d'une situation


« Y a du pain sur la planche !
Y a du pain sur la planche ! »


Le saint homme avait une étrange manière
     de nous dire le bonjour
en séparant audiblement le *bon* du *jour*
comme pour nous ramener à sa réalité
Quelquefois il lui arrivait de s'échapper
de voir sa pensée dépasser ses propos
de nous gratifier d'un « Bon rendement les
     enfants ! »
ou encore d'un « Bonne production mes
     garçons ! »
Nous ne lui en tenions pas rigueur

il était souvent tellement distrait
allant venant son célestelulaire à la main
en interterrestre avec son Dieu hiérarchique
que nous pouvions à notre guise à ces
     moments-là
le traiter d'à peu près tous les noms de la
     terre et du ciel

« Y a du pain sur la planche !
Y a du pain sur la planche ! »

Il nous regardait de haut
avec ses airs de bon père d'entreprise
     nombreuse
Il n'y pouvait rien il était né comme ça
supérieur en ombre
Tout jeune on lui avait appris à marcher sur
     une stèle
au-dessus du niveau de la mer de la terre et
     de sa plèbe
un peu comme allaient les colonels d'antan
     à dos d'éléphant
dans leur petite tour d'ivoire portative
Cette supériorité lui était restée
elle lui crevait le cœur
Il faisait pourtant de gros efforts
pour s'abaisser à notre caniveau
se pencher sur notre piètre sort
mais il ne parvenait plus à descendre de son
     piédestal
condamné qu'il était à contempler le monde
     ouvrier à ses pieds

Parfois il venait s'asseoir parmi nous
dans une discrète et sereine ostentation
pieuse image du pasteur au milieu de ses
     galeuses brebis

histoire de voir si l'une d'entre elles ne
s'était pas par hasard égarée dans les
abysses du relâchement ou dans un
quelconque fourré de la conscience
humaine étranger à la notion de profit
mais nous pas fous on le voyait venir avec
son gros bâton noueux de pasteur
sa grande verge de contremaître-chanteur
et tous nous redoublions de circonspection
triplions de ferveur
quadruplions la cadence
Il nous regardait à ces moments-là comme
des apparitions
il nous appelait ses « chères petites ailes »
à l'en croire la sueur de nos fronts formait
autour de nos têtes des auréoles et ce
par la vertu d'un phénomène de
condensation atmosphérique qu'il eût
été par trop malaisé d'expliquer à des
invertébrés de notre espèce
C'était au fond un grand mystique raté
échoué dans une usine d'hosties

« Y a du pain sur la planche !
Y a du pain sur la planche ! »

Vous m'excuserez
je cause je cause mais il faut que j'y retourne
je voudrais surtout pas perdre ce nouveau
petit boulot
vendangeur chez cet éleveur de vins de
messe
dont vous me direz des nouvelles...

\*    \*

\*

# Père Noël

Le Père Noël n'a pas toujours été ce qu'il est. À une certaine époque, il n'était même rien : il n'existait pas. Puis, un petit peu après ça, il naquit. Aujourd'hui encore, la date et le lieu de sa naissance restent l'objet d'une vive controverse entre historiens. Certains disent qu'il est né au Kazoukbéstan, il y a plus de 5000 ans ; d'autres le font naître en Asie mineure en l'an zéro ; certains, bien sûr, n'y croient pas du tout, au Père Noël. Tous les autres préfèrent se taire parce qu'ils ont la bouche pleine d'atocas ; comment leur donner tort ?

Évidemment, tous ces zouaves n'y sont pas du tout. Le petit futur papa Noël est né en Russie, aux environs des années où il faisait bon y vivre, boire et bâfrer. Petit enfant, puis adolescent, Noël n'a rien du bon gros vieillard hilare et barbijoufflu dont on pollue depuis toujours notre imaginaire. Au contraire, c'est un grand blanc-bec, long comme un jour sans pain, plus imberbe qu'un bébé sioux et qui n'entend pas à rire, que non.

Son père, Vlaquislav, menuisier de carrière, est un homme cruel et brutal, au cœur pierreux, à la gueule boisée, qui rompt très tôt son unique rejeton au travail du bois et à la semaine de cent heures. Quand il a du pain en retard sur la planche, ne reculant devant aucune bassesse, il enferme Noël dans la boutique pour la nuitée, enchaîné à l'établi. Il n'est pas rare que Noël fabrique jusqu'à trois douzaines de chaises de bistrot en l'espace d'une nuit — sans que son père, rond comme une queue de pelle à charbon, n'en éprouve la moindre fierté.

Un jour, sans crier gare, vlàtipa que Vlaquislav met le pied sur une bouteille de vodka, revole et se pète le coin de la gueule sur le pommeau de la rampe d'escalier. D'où mort. Vieille canaille mesquine et suce-le-rouble comme c'est pas permis, le père laisse au fils une fortune colossale sur laquelle Noël pourrait se prélasser le reste de ses jours sans avoir à planter le plus petit clou. Et c'est justement à ce moment que la vocation de Noël se révèle dans toute son éblouissance : il sera menuisier, comme son père, mais à la différence que maintenant qu'il ne l'a plus sur son dos, ce vieux despote, il menuisera ce que bon lui semble. D'où joujoux.

Et vlàtipa notre Noël parti en peur à concocter des chiées de jouets pour tous les sales gosses du canton — mammouths de bois, wagons à bestiaux, patinettes, tobog-gans, pipes à savon et quéteraille. Mais le truc qui coince c'est que lui, Noël, se refuse obstinément à les vendre puisque riche, il l'est, et que ses concitoyens villageois, pauvres et fiers, s'entêtent à ne pas accepter la moindre étrenne, question de principe. D'où pépin.

Mais Noël n'est pas à court d'idées ou d'énergie, que nenni. Fripon et furtif, il s'introduit chaque nuit dans une chaumière du secteur afin d'apporter à chaque enfant les joujoux qui lui sont destinés. Filiforme, son gabarit lui permet de se faufiler aisément dans les cheminées, d'aller et venir dans l'incognito le plus intégral, d'autant plus que déguisé en courant de suie.

Durant des mois, voire des années, l'inoffensive marotte demeure un secret bien gardé — oui, bon, les villageois devraient s'étonner de voir se matérialiser de si beaux jouets entre les mains de leur progéniture, mais ils ne s'étonnent précisément pas parce ça foutrait tout le conte en l'air.

Une nuit, pourtant, Noël atterrit au beau milieu d'un feu de foyer mal éteint, s'immole les founes, hurle à la mort et le voilà pris en flagrant délit, culotte roussie et hotte baissée. Tel un vulgaire voleur de poules, on le traîne au commissariat par les trous de nez (vieille coutume locale) et on l'y fait moisir. Cité à son procès, il est accusé d'entrée par effraction, de sortie par cheminée et de trafic de joujoux. Le reste de l'histoire se passe de commentaires, mais pas d'un accompagnement musical approprié (quatuor à cordes tzigane). D'où drame.

Déporté aux confins de la Sibérie, en

résidence plus ou moins surveillée, Noël épouse une brave fille du coin qui lui donne moult petits lutins. Le reste du temps qu'il ne fait pas d'enfants, il gosse le bois. Ses lutins itou. Il vieillit. Il prend de la bouteille. Il se rase moins, bientôt plus du tout. Une fois par an, Noël est libéré sur parole, pour une nuit, histoire d'aller dire bonsoir à sa chère bonne vieille mère. Il part alors avec son traîneau, ses rennes et une hotte hénaurme, en chantonnant un chant traditionnel ouzbèque, *Frostivaritch da snowtroïka.*

Aux douanes, le père Noël dit que c'est des cadeaux pour sa maman. Et le douanier, pas méfiant, le laisse passer en se disant que ce bon gros vieillard hilare et barbijoufflu doit beaucoup aimer sa chère bonne vieille maman. Et, guidé par la Grande Ourse et tout le bestiaire céleste en fête, le gentil Noël poursuit sa route, fouettant mollement son attelage, un hymne kazakh aux lèvres. D'où douce nuit.

*   *
*

*Que de bonnes nouvelles*

Page de publicité

Vous
qui buvez pour oublier
buvez
**AMNÉSIA**

**AMNÉSIA**
fera de vous
un être neuf
à chaque gorgée !

\*   \*
\*

# Si la vie

Si la vie ne veut rien dire
alors il faut le dire
le dire de mille manières
et aussi la vivre
de mille carrières
comme un exaltant suicide
à l'envers
le suicide du suicidé
s'exclamant, l'œil limpide
la fleur à la boutonnière
le sourire fendu jusqu'aux ouïes :
« Regardez bien, bande d'engourdis
Je vais me vivre sous vos yeux mêmes ! »

\*   \*
\*

## Antidote

Miroir qui casse :
sept ans de malheur !
Amour qui passe :
c'est tant de bonheur !

\*   \*
\*

# Devinette

### 1

Lorsque propre, il devient délicat.

### 2

Lorsque mis en cage, il devient une plante.

### 3

Il est visible à l'œil nu et très joli tout nu.

### 4

Il accompagne bien les repas et plutôt mal
les repos.

### 5

Il garde quelquefois le même visage sans
changer de nom.

### 6

Il change quelquefois de visage tout en
gardant le même nom.

### 7

Certains le disent fou mais les gens disent
tant de choses.

### 8

On le dit parfois de Dieu mais ce n'est
jamais tout à fait sérieux.

### 9

On appelle quelquefois comme lui des gens
qui sont gentils avec nous.

### 10

Il se fait et se défait mais est bien plus
plaisant à faire qu'à défaire.

### 11

Il a grand tas.

### 12

Il a un petit air.

*   *
*

# L'exemple

Faites un effort
donnez l'exemple
soyez heureux
mangez une orange en public
enfilez une vieille salopette
faites des risettes aux petits enfants
dites de vastes bonjours aux passants
piquez une sieste contre un arbre
chantez sur une montagne
amusez-vous avec l'écho
tournez la télé contre le mur
repeignez vos murs
aimez beaucoup
dormez debout
ne banalisez pas tout
ne relativisez pas tout
inventez une histoire drôle
apprenez les étoiles
regardez déménager les nuages
demandez des nouvelles des absents
chérissez les présents
mangez une autre orange
écrivez des lettres d'amour
recevez des lettres d'amour
collectionnez les baisers
ne vous permettez d'insulter personne
portez un nœud papillon

faites une pirouette
dessinez un loup qui mange un mouton
essayez de fourrer votre gros orteil dans
     votre bouche
soyez curieux de vos sens
achetez une peluche pour un bébé
offrez-vous un bon livre passez-le n'y
     pensez plus
faites réaccorder votre piano
soufflez dans une trompette
tapez sur des tambours
faites des gammes sur les reins d'un amour
marchez jusqu'au bout de votre corps
chantez sous la pluie
célébrez le temps perdu
flambez vos économies
bouffez avec de vieux amis
buvez avec des inconnus
faites-vous de nouveaux amis
soyez impérativement présent
soyez un ami
un amour
soyez heureux
faites un effort
donnez l'exemple...

*   *<br>*

## Un truc
## (Pépette et Pépé)

— Dis pépé
— Oui Pépette
— À l'école cette semaine
  J'ai su qu'elle en avait sept
— Sept quoi, Pépette ?
— Sept jours, pépé !
— Qui ça, Pépette ?
— La s'maine, pépé !
  La s'maine a sept jours !
— Bien sûr Pépette
— Et c'est pas tout pépé
  J'ai su qu'une s'maine a sept jours
  Que chaque jour a son nom
  Et le nom de chaque jour
  Mais j'ai un problème
— Dis Pépette
— Chez toi c'est bête
  Y fait toujours beau
  Tous les jours ont la même tête
  Et j'arrive pas à les différencier
— T'as qu'à regarder le calendrier Pépette
— Mais pépé tu m'as regardée ?
— Quoi Pépette ?
— Ben chuis trop p'tite !
— Bien sûr Pépette
— T'as pas un autre truc ?
— Peut-être Pépette

T'as qu'à regarder
Les fringues à mémé
Le lundi elle s'enlundiche
S'enmardiche le mardi
Le mercredi s'enmercrediche
S'enjeudiche le jeudi
Le vendredi s'envendrediche
Et s'ensamediche le samedi
— Et le dimanche ?
— Le dimanche
Elle s'en fiche
Elle le passe au lit
À poil avec pépé
— Truqueur !
— Hé !

*   *
*

# Le rappel
## (Bis ! Bis !)

Sur la scène de carton-pâte
à bout de force et de bras
les marionnettes en toute hâte
ont fait un dernier rappel
Du côté cour le héros
est réapparu, très beau
Du côté jardin, divine,
est reparue l'héroïne
Un moment d'hésitation
petit, d'abord, et puis long
et leurs lèvres de papier
se sont enfin réunies
Très ému le maire les a
faits mari(onnette) et femme
Puis le rideau est tombé
et chacun rentré chez soi
La nuit depuis belle lurette
s'est posée sur le pays
et les deux marionnettes
l'une contre l'autre assoupies
Sous la scène de carton-pâte
amoureusement enlacés
toi et moi sommes sans hâte
toujours à nous embrasser.

*  *
*

## Mer des hommes

Sous la mer il y a de grandes villes
On y vit à l'eau libre sans scaphandre et
    sans histoire
Sous la mer personne ne travaille et
    personne ne chôme
Personne ne lit le journal et personne ne
    l'imprime
Personne n'emporte de parapluie et
    personne ne pleut
Sous la mer il y a même un ciel des étoiles
    et un soleil
Le soleil est à des lieues et des lieues la
    lune elle tout près
Des hommes construisent de grands
    poissons volants
Ces grands fous espèrent nager jusqu'à
    la lune
Sous la mer personne n'est pris au mot et
    personne n'est mis en croix
Personne ne parle de l'amour du prochain
    et personne ne remet de faute
Personne ne croit en la justice et personne
    ne promet de paradis marin
Et étrangement tout ce monde se porte à
    merveille
Sous la mer l'esprit est à la fête
Autour d'un piano aqueux on se rassemble
    et chante des quatiques

Sur des bancs de poissons on trinque à la
    santé des copains
C'est la mer qu'on est à boire à petits coups
    secs
Et quand toute la bande a bien bu bien ri
Elle s'endort à la belle étoile de mer
Mer de tous les vices mer de tous les hommes
Mer bien vivante et bienfaisante.

*   *<br>*

## Réponse à l'enquête
## « Quel genre d'homme êtes-vous ? »

— Beau
grand
mince
souple
fort
brave
honnête
hardi
intègre
prodigue
fidèle
fougueux
galant
courageux
intelligent
généreux
compréhensif
aimant
aimable
modeste
et menteur.

\* \*
\*

# L'abeille au doigt dormant

C'est une abeille qui vole et se pose
    épuisée sur un petit doigt
le petit doigt d'un homme couché dans
    l'herbe
Le petit doigt a un grand frisson de la tête
    au pied
C'est qu'il n'a jamais vu une abeille de si près
Il voudrait aller tout raconter à son homme
mais son homme roupille
son chapeau de paille sur la figure
et il ne voudrait pas le déranger pour une
    broutille
Après tout
peut-être que cette abeille ne lui veut pas
    de mal
à lui petit doigt
Alors il ne dit rien
Et puis cette abeille
elle commence à lui plaire
Elle a pris ses aises
elle s'est étendue sur lui
elle s'étire
elle baille aux abeilles
et le petit doigt se sent à son tour
saisi par la douce torpeur du sommeil
Quand il se réveille
il se retrouve tout seul avec l'abeille
Son homme a ramassé chapeau chair et os

et s'est enfui à petits pas de géant
s'est enfui en oubliant son petit doigt
enfui l'homme oublié le petit doigt
Depuis
l'abeille et le petit doigt ne se quittent plus
Ils vivent heureux
ils vivent amoureux
L'abeille apprend à voler au petit doigt
à l'abeille le petit doigt apprend comment
    on se nettoie les oreilles
et bien d'autres choses encore
Bientôt ils se marieront à la grande ruche
Ce jour-là sera jour de fête
il y aura du miel pour tous
des fleurs pour la mariée
et un orteil de champagne pour le petit doigt
Au fait
le petit doigt
pas rancunier
profite de l'occasion
pour lancer une invitation à son homme
ainsi qu'à tous les doigts
(avec ou sans propriétaire)
Prière de réserver
et de laisser son nez au vestiaire.

\*   \*

\*

# Le mieux

Oui, bien sûr
On peut sans doute toujours faire mieux
Mais
Est-ce que ce n'est pas déjà merveilleux
Que de tout faire pour le mieux ?

* *
*

# À Yeur

J'irais oh voui j'irais
voui j'irais vivre à Yeur
où tout est bien meilleur
où tout est bien plus beau
où tout est tout en fleur
où tout est tout en peau
À Yeur à Yeur à Yeur
voui j'irais vivre à Yeur
si je savais où c'est
si je savais qui sait
mais personne ne sait où c'est
où c'est que c'est à Yeur
ni sait qui c'est qui sait
Alors personne n'y vait
alors personne n'y vit
et c'est peut-être qui sait
où c'est pourquoi à Yeur
tout y est bien meilleur
tout y est bien plus beau
tout y est tout en fleur
tout y est tout en peau

À Yeur à Yeur à Yeur
j'irais oh voui j'irais
voui j'irais vivre à Yeur
si seulement je savais
où c'est que c'est que Yeur
que j'y parte sur l'heure.

\* \*
\*

## Aux enchères du rêve

Aux enchères du rêve
J'ai trouvé pour toi
Un grand bateau
Revenu des îles
Noix-de-Coco
Joli nom d'îles
Peinturalo
Peinturaluile
Aux enchères du rêve
J'ai trouvé pour toi
Des caméléons à carreaux
Des croque-Odile
Des droldoizos
Des grogorilles
Des tilionsots
Des coqs-quilles Saint-Jack-L'Éventreur
Et aussi un cheval à douze pattes qui boit
    du *pernod*
Peinturaluile
Peinturalo
Tout ça pour
Trois fois rien
Quatre très douteuses
Feuilles de trèfle
Cadeau d'un lièvre
Commissaire-priseur
Aux enchères du rêve.

Aux enchères du rêve
J'ai trouvé pour toi

...

...

...

*   *

*

# Nul n'est prophète sur sa planète

D'autres jeunes gens viendront
jeunes filles
jeunes hommes
libres de prendre parti pour la liberté
D'autres jeunes gens viendront
éclabousser les murs
des vérités premières
de leur éblouissante jeunesse
brûler les bûchers
dans l'âtre des foyers de la civilisation
tuer par la paix ceux qui tuent par l'épée
planter dans le canon des fusils
les fleurs du bel-âge de vivre
ces fleurs que d'autres viendront respirer
autres jeunes gens
jeunes filles
jeunes hommes
entre-temps venus au monde
faire enfin rimer
liberté
égalité
fraternité.

\* \*
\*

## Dans l'escalier de service

En trouvant Dieu sait où
le prodigieux culot
de n'être pas jaloux
le Jour tout ébloui
croise la Nuit assombrie
et lui lève son chapeau
duquel jaillit bouclé
le soleil de l'été

Et puis chacun poursuit
sa routine habituelle
la Nuit vers le sommeil
et le Jour vers le ciel
en se demandant bien
comme tous les matins :
« Où donc a-t-elle traîné
encore la nuit passée ? »

\*   \*
\*

# Dans un grenier

## 1

Peut-être un jour dans un grenier
tendu de toiles d'araignée
un enfant verra-t-il une malle
l'ouvrira sans penser à mal
> Il y trouvera des manuscrits
> jaunis comme de vieilles dents
> pourries
> comme les dents de Grand-Père
> André
> qui a levé les pattes l'an dernier

## 2

Cette malle est justement la sienne
l'enfant sans le moindre sans-gêne
renverse la malle à l'envers
voilà tous les papiers par terre
> Dans ces papiers — curieux papiers ! —
> il y a des cahiers d'écolier
> C'est qu'avant d'être un vieux
> croulant
> Grand-Père fut d'abord enfant

## 3

Grand-Père était un phénomène
qui menait une vie de bohème

Grand-Mère le prétendait poète
à cause de quelques chansonnettes
      L'enfant découvre l'une d'elles
      c'est une vieille ritournelle
      Il écrivait comme un cochon
      les queues des notes en tire-bouchon

4

Et voilà que l'enfant retrousse
ses manches et enlève la housse
qui recouvre le vieux piano
s'y assoit et cherche le *do*
      Voici le *ré* le *mi* le *fa*
      voilà le *sol* le *la* le *si*
      tant pis si le *si* ne joue pas
      on n'aura qu'à faire comme si

5

La musique n'est pas compliquée
et d'un seul doigt bien appliqué
l'enfant se met à tâtonner
sur l'ivoire d'une touche étonnée
      Au bout d'un temps les araignées
      dans le silence du grenier
      entendent résonner ce vieil air
      que j'avais écrit pour te plaire.

*  *<br>*

# Aujourd'hui

La page peut rester blanche
Ça m'est bien égal
Ma vie
Elle
Est pleine.

\*    \*
\*

*Entrefilets*

Changer le monde c'est démodé. Il faut le faire sauter.

— Un contre-militant

*

Il ne montre jamais ce qu'il fait !

— Madame Dieu, éperdue de fierté

*

C'est donc moi qui suis rose !

— L'ivrogne repenti émerveillé devant l'éléphant du Jardin des Bêtes

*

— Merci, dit l'homme.
— De rien, dit la femme. Tout le plaisir fut pour vous.

*

Les vieilles chaînes : Elle a d'abord porté le nom de son père pour ensuite porter le nom de son mari. Depuis son divorce, elle porte enfin son nom, c'est-à-dire seulement son prénom, et elle ne porte plus à terre. L'ennui, maintenant, c'est qu'on la dit légère.

*

Vie et mort d'une fille de rien : Un nu de femme vêtue d'hommes.

*

Mythologie masculine : L'Homme-au-violant.

*

LE POINT DE VUE DE LA VACHE ZYEUTANT LES TRAINS : Les hommes regardent bien brouter les vaches, non ?

\*

MOBILISATION : La Paix se porte volontaire. Les pacifistes, solidaires, aussi. À suivre advenant survie.

\*

À LA UNE : Manifestation du Syndicat des Spectres contre la récente augmentation de l'espérance de vie. « Non aux morts-vivants ! Non à la concurrence déloyale ! »

\*

PROTOCOLE : Une minute de silence sur un pied de poussière.

\*

THOMAS : Les muets parlent, Thomas demande à entendre. Les sourds entendent, Thomas demande à causer. Les aveugles voient, Thomas demande à voir. Jésus ressuscite, Thomas demande à toucher. Thomas, patron des objectivistes.

\*

LITTÉROTIQUE : Les quatre filles du Docteur marchent.

\*

Aujourd'hui, j'ai vu mille belles filles. C'était toi, repassée mille fois.

\*

MILLE-PAPES : insecte dégoûtant rôdant sous les saintes pierres de Rome.

\*

Repos du guerrier : travail de pacifiste.

*

Leur cheval de guerre : le cheval de Troie
Leur cheval agraire : le cheval de trait
Cheval de bataille, cheval au travail
Cheval à toutes les sauces
et cheval à la sauce !

(Extrait du Manifeste de la libération des chevaux)

*

Prochainement en pharmacie : L'Être (enrhumé) et le Néant (chifrené).

*

Ennemination pour le prix Nobel de la Haine...

*

Il marche sur mes eaux !

— Marie, enceinte

*

Sonnez hautbois, résonnez musettes : Jésus, premier bébé-éprouvette !

*

La seule erreur du faux-monnayeur : avoir imprimé ses billets à l'effigie de sa femme.

*

Comme le malheur des uns fait le bonheur des autres, le temps des uns fait l'argent des autres.

*

Syllogisme : Je suis amoureux. Or, l'amour est aveugle. Or, j'étais déjà aveugle avant que de te connaître. Donc, je te vois. Que tu es belle !

SUICIDE D'UN CANCRE

Il est mort en thème...

— LE MÉDECIN-LÉGISTE

*

UNE FAMILLE BIEN DE SON TEMPS : L'homme, Numérique ; sa femme, Objet ; leur enfant, Problème.

*

LE FILS DU GANGSTER : Tout le portrait-robot de son père.

*

LE SENS DU SUSPENSE : Qu'allait-il subvenir de nous, ma mère et moi, et qui pis est, mes quinze frères et sœurs non encore conçus emportés prémonitoirement dans la fleur du bas âge par la mort prématurée de feu mon père ?

*

Le nez de Pinocchio s'allonge quand il ment ; le politique cesse de mentir quand il s'allonge.

*

On dirait des oiseaux...

— TITINE, EN REGARDANT LES DANSEUSES

*

Les parents qui disent sans cesse à leurs enfants de se taire devraient logiquement leur apprendre à marcher en boitant.

*

Que comptent les moutons pour s'endormir ?

*

SATAN À LA PAGE : Informatisation des données sur terre, infernalisation des entrées en enfer.

*

L'authentique enfant-prodige envoie toujours promener les chercheurs d'enfants-prodiges — et les parents-prodiges l'en félicitent.

*

MÉPRISE À L'HIPPODROME : Doublé par mes pairs, oublié à l'arrière, je suis rentré si tard que tous ces connards, au lieu de dernier dans la première, m'ont cru premier dans la dernière...

*

On ne parle pas de corde dans la maison d'un pendu, pas plus qu'on ne parle de justice dans la maison d'un juge.

*

LÉGENDE ORIENTALE : La danseuse du ventre trompe le cracheur de feu avec le marchand de tapis qui lui voudrait bien la tromper avec la charmeuse de serpents. Les tapis volent, les ventres dansent, les serpents sifflent, le cracheur n'y voit que du feu : il rêve du ventre de la charmeuse qui elle rêve du serpent du marchand de tapis qui rêve du ventre de la danseuse, et tous les rêves du monde ne trompent pas son ennui.

*

PÉDÉRASTRE : Trou noir qui s'en prend aux jeunes étoiles.

*

PETITE HISTOIRE DU CANADA
— Monsieur de Maisonneuve !

— Quoi encore ?

— Tous les arbres se sont changés en Indiens !

— Pendez-les !

— Y a plus d'arbre !

— Plantez-en !

— Y a plus de place !

— Faites-en !

— Y a plus le temps !

— Trouvez-en !

— Argh ! Je suis touché !

— Belle colonie, où il faut toujours tout faire soi-même !

\*

Il est l'homme le plus riche du pays, l'un des hommes les plus en vue au monde, et ça ne l'empêche pas de serrer tous les matins la main que lui tend depuis vingt ans la même vieille brute avinée affalée devant le siège social de sa distillerie. On ne mord pas la main qui vous nourrit.

\*

J'ai plus d'argent, je l'ai toute dépensée à la banque !

— UNE FILLETTE

\*

Allah vie, Allah mort !

— UN FALLAHTIQUE

\*

LA BOURSE AUX ARMEMENTS : À la tête de son lit, la tête dirigeante du pays, étendue sur son étendard et drapée dans son drapeau, renverse sa petite bourse aux armements et regarde d'un air alarmé les pièces d'artillerie rouler sur le parquet en se demandant s'il aura longtemps les moyens d'entretenir à feu doux le grand bûcher de la guerre froide.

*

Passez la monnaie ! Passez l'or ! L'encens ! La myrrhe ! Ce que l'Enfant-Crésus vous prend, Dieu vous le rendra au centuple !

*

On est ce qu'on est hait : des hommes.

— UN HOMME

*

Plus ça change, plus c'est par elles.

*

— C'est la première fois, dit la fille, tout de même un peu timide, à l'homme tout fier de l'entendre dire. Je veux dire : avec un homme.

*

Un million d'années avant J.-C. :
l'homme découvre le feu.
Depuis (avant, pendant et après J.-C.) :
l'homme ouvre le feu.

*

Avec le temps, la beauté prend congé du visage, se retire dans ses appartements et n'y entre pas qui veut. Elle en vient doucement à ne plus sortir, à peine le bout du nez de loin en loin. Bientôt, elle ne brille plus que dans le regard, on l'appelle désormais sagesse et c'est un peu injuste.

*

Si leur réponse est Jésus, imaginez un peu quelle doit être la question.

*

DÉMOCRATIE : Une clairière de vérité dans une forêt de mensonges.

MÉDIOCRATIE : Un train de bobards dans une gare de crédules.

*

La fin des haricots, c'est le début des asticots.

— LE FOSSOYEUR

*

Si l'homme avait sept vies, il faudrait l'enterrer debout.

— LE CHAT DU FOSSOYEUR

*

On crâne, même dans la mort.

— HAMLET

*

MAUVAISE HUMEUR : Ce type fait de l'ombre au soleil.

*

PÉCHÉ DE CHAIRE : Prêtre pétant en plein sermon.

*

Il y a un peu de gêne dans le mot générosité.

*

MAUVAISE FOI : Le premier capitaine à crier « Les femmes et les enfants d'abord ! » devait avoir dans sa petite idée d'ainsi tester les canots de sauvetage.

*

Week-end à la campagne, world-end à la ville.

*

VIE : Trop courte pour avoir la mémoire aussi longue.

*

On électrifia parfois les hommes bien avant les campagnes, et surtout des paysans.

*

POÉSIE FERROVIAIRE : Les longues stations de mon regard dans la gare de ton visage.

*

Vivre vieux, c'est bien. Vivre bien, c'est mieux.

— MATHUSALEM

*

ORDINAIRE : Les gens qui en sortent y retournent souvent et c'est bien dommage.

*

LE POINT DE VUE DU POMMIER : Je ne produis pas de pommes, je les *donne.*

*

L'homme descend du singe, l'homme descend de l'homme, l'homme descend de l'enfant, l'homme descend de la femme, l'homme descend de l'innocent, l'homme descend tout le monde. Le singe, comme disent les petits plaisantins, le singe, lui, descend de l'arbre. Sans lui faire de mal.

*

La mort d'un prisonnier fait toujours des jaloux parmi les geôliers.

*

GUERRE : tue-temps pour tous.

239 *féeriepéties*

ARMISTICE : passe-temps de civil.
(Avis : le ministère de la Défense considère
que le danger pour la santé du militaire croît
avec la durée de l'armistice.)

*

LU SUR UNE PALISSADE D'UNE RUELLE DU MILE-END
(texte intégral) :

Il ne voyait rien
il ne cherchait rien
Il se contentait d'avoir un grand chien
À qui il parlais
À qui il riait
comme à un ami qui lui ressemblai
À 2 il formais
sûrement quelqu'un
quelqu'un de très bien.

(Anonyme)

* *
*

## Petites annonces

Petit navire n'ayant ja ja jamais navigué parce qu'aquaphobe cherche marin terre à terre partageant goût pour mal de mer.

Cœur à louer pas fier pas cher. Peu d'entretien beaucoup d'amour un peu d'eau fraîche. Trois fois veuf quasi neuf. Saura par son pouls régulier vous tenir compagnie pour la vie.

*

## Oraison du critique

Ennemi juré de la culture populiste, médecin-légiste de la Grande Littérature, boucher de la petite et moyenne prose, embaumeur des paralittératures, croque-mitaine du style, fossoyeur de l'esprit, il fut un grand critique. Nous le regrettions déjà de son vivant, alors imaginez maintenant !

*

## Horoscope

*Verseau*

Le gaz est hors de prix, la gravité défectueuse, les métros en grève, vos barbituriques périmés et votre unique rasoir rouillé. Remettez à plus tard toute tentative de suicide intempestive. Vous miserez tout sur *Happy feet* dans la 7.

### Poisson

Ne vous laissez pas distraire par l'avancée des troupes bantous au Gourouchistan Sud. Vous irez là où vous le voulez, de préférence en auto. Méfiez-vous des associations militant en faveur des koalas hémophiles. Chromosome chanceux : 22.

### Bélier

Vous pourriez être amené à remettre en question un dogme kantien, massacrer la clientèle d'un fast-food et tromper l'être aimé en compagnie d'une espèce non protégée. Aliment préféré : thon en conserve.

### Taureau

Les conséquences de votre fétichisme vous rattrapent enfin. Vous vous sentez un peu seul dans la galaxie, d'autant plus que la totalité de votre famille périra (peut-être) dans le crash d'un dirigeable. À tout événement, choyez-la en fonction d'un éventuel héritage.

### Gémeau

Travail : renvoi. Amour : rupture. Affaires : faillite. Chiffre chanceux : 0.

### Cancer

Vous vous réveillerez dans la peau d'un(e) autre sans nulle envie d'en sortir. Restez-y. Vous pourriez en outre être appelé à répondre au téléphone. N'en faites rien. Gare aux séismes, aux typhons et aux crues.

### Lion

Vous serez teigneux et animé d'un zèle hargneux, hachant menu tout ce qui prétend s'opposer à la glorieuse marche de vos visées ignobles. Toxoplasmose fibreuse à l'horizon.

## Vierge

Dîner aux chandelles avec un(e) anorexique érotomane. Prudence et contraception. N'évoquez pas l'avenir, évitez le mot futur, bannissez tout concept de projet et redevenez une citrouille avant minuit.

## Balance

Votre frère siamois succombera aux charmes d'une femme à barbe. Modération, compréhension et don de demi-soi sont à l'honneur. Tissu chanceux : le tartan.

## Scorpion

Vous avez le soleil dans le fion et Jupiter en lion. N'esquissez pas même l'ébauche d'un geste susceptible d'affecter la répartition des atomes dans un rayon de dix mètres de votre personne.

## Sagittaire

Une secte zoroastre vous fera du charme. Vous vous offrirez enfin cette potiche précolombienne dont vous avez tant rêvé. Occasions d'affaires : variées mais nulles. Toiture : fuyante. Sentiment général : mou. Ambitions : floues.

## Capricorne

Vous êtes borné, avide, cruel et la vie vous donne une fois encore l'impression d'un yogourt infâme avec de vrais morceaux de merde au fond. Conservez cette sagacité qui vous honore et n'en démordez pas. Activités suggérées : boulingrin et clitoridectomie.

*  *
*

13 47

Achevé d'imprimer chez
**MARC VEILLEUX IMPRIMEUR** INC.,
à Boucherville,
en mai deux mille